AI時代の人材を育てる!

高校授業「学び」のつくり方

大学入学共通テストが求める「探究学力」の育成

日本女子体育大学教授
稲井達也

東洋館出版社

〈目次〉

Prologue 高校授業の「これまで」そして「これから」

Chapter01 これからの高校生に求められる資質・能力

Chapter04
教科マネジメントで生徒の学力を高める

Chapter05
「主体的・対話的で深い学び」と学びを成長させる評価

Chapter06

探究型学習の挑戦

Chapter07

新学力向上授業実践プラン

Prologue

高校授業の「これまで」そして「これから…」

はじめに

高校教育改革と大学入試改革が両輪となり、いままさに躍動感をもって推進されています。その第一段階は、平成30年3月の新しい高等学校学習指導要領の告示だといえるでしょう。

新しい高等学校学習指導要領は、小・中学校と同様に総則が構造化され、「3つの資質・能力」を育成する教育へと大きく舵を切りました。それに加えて、科目構成が抜本的に改編されています。

このような刷新は、何を求めてのことでしょうか?

「アクティブ・ラーニング」「カリキュラム・マネジメント」「主体的・対話的で深い学び」「見方・考え方」など、様々なキーワードが生まれた今次の学習指導要領改革。小・中学校の教育現場においては、2020年の全面実施（中学校は2021年）に向け、実践の足がかりとなる研究がスタートしています。

しかし、それは今次改革の序章にすぎません。**なぜならば、高校教育改革と大学入試改革こそが、今回の教育改革の本丸**だと言われているからです。

たとえば、高大接続改革において新たに導入される大学入学共通テスト。これにパスする学力（能力）を生徒に身につけさせるには、高校における学びを根底から刷新せざるを得ないということです。この刷新の真の目的は、教育現場における「授業改善」のひと言に尽きます。

そこで、Prologueでは、〈これまでの授業〉と新しい学びに対応した〈これからの授業〉の違いを明らかにします。そのうえで、大学だけではなく、実社会・実生活でも通用する「汎用的な能力」（コンピテンシー）の育成には何が必要なのかについて論じます。

そして、この「汎用的な能力」というときの汎用性を、9つの能力から焦点化し、リテラシー（活用力）を育成する言語能力に収斂します。

そして、**インプット、インテーク、言語化による「見える化」というアウトプットを授業改善の中核とする**、すなわち各教科の言語能力に焦点を当てた授業改善のポイントについて提案します。その目的は、《これからの授業》＝新しい学びを実現するシラバスの具体像が浮かび上がらせることにあります。

＊

「これからの高校教育はどうなっていくのか」については、すでに書籍が登場しはじめていますが、「具体の授業をどうしていけばよいのか」について語られている書籍は、いまのところあまりなさそうです。

本書は、高校教育の「これまで」そして「これから」をつまびらかにするとともに、新しい学習指導要領が求める「何を」（コンテンツ）、「どのように」（コンピテンシー）にまで踏み込んだ授業の姿を明らかにします。

高校におけるカリキュラム・マネジメント

２０１７年（平成29年）５月、文部科学省より「大学入学共通テスト（仮称）」実施方針（案）が公表されましたが、驚きをもって読まれた方は多いのではないでしょうか。

これまでの大学入試センター試験の知識・理解を問う問題とは大きく異なる点もさることながら、**その問い方が、まさに毎年小学６年と中学３年で実施されている「全国学力・学習状況調査」のＢ問題に似た出題だった**からです。

また、高校に先んじて、中学入試ではすでに思考力・判断力・表現力を問う問題も増えてきています。

東京都をはじめ、公立中高一貫校では学力試験を課せないという制約があります。そのため、答えが一つではなく、思考のプロセスを重視した適性検査問題によって入学者を選抜しているのです。さらに、近年では東京都の私立中高一貫校の適性検査問題も、これに倣《なら》うようになってきています。

「実施方針（案）」では、図表やグラフの情報を文章の情報と関連付けて読み解く「読解力」

や「分析力」、理解したことを的確かつ簡潔にまとめる文章力などの「活用力」を重視しています。このことは、中央教育審議会答申（平成28年12月）において提起された「言語能力」と軌を一にします。

このような流れは、個々別々に生まれたものではなく、すべて連動しています。その行き着く先は言うまでもありません。それは大学入試であり、国公立大学の2次試験問題なども、B問題のような設問に変わっていく可能性がある、ということです。

以下は、教育改革の方向性と高校現場に即した親和性についてまとめていきます。

○教科の専門性を生かした緩やかなカリキュラム・マネジメント

高校においても、カリマネによる言語能力の育成が喫緊の課題です。しかし、教科横断的に教育内容を横串でつなぐことは、教科ごとの専門性が強い高校では馴染みません。

そこで、高校では、教師の有するその専門性を最大限に活かすことに軸足を置き、たとえば数学科であれば「数学的な見方・考え方を働かせる言語能力の育成」、公民科であれば「公民的資質を高める言語能力の育成」といったように、教科の特質に応じた言語能力を教育目標に設定して授業を展開するという考え方です。

なにも小・中学校と同じようにやらなければならないわけではありません。大切なことは、生徒が将来生きて働く汎用的な能力を身につけることにあります。

もし、**高校において、ある特定の教育課題で各教科の教育内容を一律につなげようとすれば、かえって言語能力を狭い範疇に閉じ込めてしまう**でしょう。

高校においては、教科の専門性が一段と高くなり、そのため教科が科目に細分化され、学びの多様性が増します。そのような状況下で、教育内容を軸に各教科を安易に横断させようとすると、どの教科でも通ずるような言語能力を設定しなければならなくなります。言い換えれば、各教科を横断できる言語能力の必要十分条件（各教科の内容に位置付けることのできる領域）は、学校段階が上がるにつれて相対的に狭まるということです。

こうしたことから、教科横断的に（教科の境界を跨いで）教育内容をつなぐのではなく、各教科の専門性をよりどころにして設定した教育目標を教職員間で共有する、このような緩やかな連携こそ、実現可能性を高めるだけでなく、よりいっそう教育効果の高い、高校ならではのカリキュラム・マネジメントとなるのです。

実社会・実生活で通用する汎用的な能力とは？

1　実社会・実生活で通用する汎用的な能力

実社会・実生活で通用する汎用的な能力とは、いったいどのようなものでしょうか？

平成20（2008）年に実施された「汎用的な能力の育成状況」調査結果（大学の学部長

資料1 大学教育が求める汎用的な能力

○ICT/基本的なICT操作スキル、情報処理スキル
○日本語能力、日本語のライティング・スキル
日本語のプレゼンテーション、文章読解力
○数量的・統計的スキル
○調査・研究スキル
○英語能力、英語の文章読解力、英語のライティング・スキル
英語のプレゼンテーション、英語の討議力
○メディア・リテラシー、批判的思考力
○多様性の理解
○問題解決力
○リーダーシップ力、チームワーク力、討議力、自己管理力
○創造力
○継続的な学習力
○倫理観、市民としての社会的責任

樋口健（ベネッセ教育研究開発センター）・三代祐子（ベネッセ大学支援事業開発部）「日本の大学における汎用的なスキル―能力育成の現状と課題―」
(http://benesse-i-career.co.jp/generic/pdf/japan_test.pdf)、ベネッセ教育開発センターによる

対象）によると、**資料1**にまとめた諸能力が例示されています。

ここで例示した汎用的な能力は、大学教育を対象としたものですが、ざっと概観するだけでも、大学においてのみならず、実社会・実生活でこそ必要とされる諸能力であることが分かります。

〈これからの授業〉＝新しい学び

①毎時間の授業ごとではなく、学習の連続性や関連性を重視し、単元としての授業デザイン（単元デザイン）を工夫している。

②単元のゴールが明確であり、ゴールは授業者だけではなく、学習者にも共有されている。

③良質な問いの解決を図ることが学習の中心に置かれている。

④学習者が自ら問いに向き合い、思考を深める十分な時間が確保されている。

⑤思考の外化（いわゆる「見える化」）を行い、学習者相互に思考したことを言語化したり図表化したりするなど、共有するために工夫が図られている。

⑥学習前（事前）、学習中（事中）、学習後（事後）の適切な場面で、自己評価や相互評価が導入され、学習者が自己の学びの変容を自ら認識できるように工夫し、メタ認知の育成が図られている。

2　非認知能力を育てる学び

日本の高校でも論理的思考力が重視されるようになって久しいのですが、21世紀型スキルに見られるように、欧米では特に「批判的思考力」「創造的思考力」「他者との協働性」「チーム力」を重視しています。

新学習指導要領においても同様で、もし「主体的・対話的で深い学び」を学校教育という限定された範囲でとら

資料2　学びのパラダイム・シフト

〈これまでの授業〉＝旧来の学び

①知識を定着させるため、授業者の効率的な説明を中心にして授業を行い、教科書の内容のできるだけ全てを計画的に消化することが重視されている。

②「導入→展開→まとめ」という流れで教授内容を構成し、単元内での学習の継続性や連続性よりも1単位時間ごとの完結性が重視されている。

③授業の発問は授業者側の立場によって授業展開を効果的に促すためのものに留まっており、学習者は授業者の期待する答えを推察して答える。

④学習者相互に起こる学びの動的な状況は限定化され、あくまでも学習者の学びは授業者の想定範囲内に収まるよう授業を運用している。

⑤授業者のねらいと学習者の疑問や課題意識が往々にして一致せず、興味や関心を十分に引き出さないままに授業が進行することもある。

⑥知識再生型のテストと限りなく相対評価に近い絶対評価を中心にした評価のため、評価方法が画一化し、学習者の立場に立った評価が実施されていない。

えてしまうと、今回の学習指導要領が求める「先行きの見えない社会を生き抜く汎用的な能力」の育成から遠ざかってしまうことでしょう。

殊に、高校では、すぐに役立つとか役立たないとかではなく、市民としての自立性や主体性を育てることへの意識が、今後ますます大切となってきます。選挙権年齢引き下げの法改正も、このような市民性教育の観点からとらえることができます。

変化の激しい実社会を生きるしなやかさ、人生を豊かに送るための視野の広さ、人とのつながりをつくる力は、今後ますますその重要性を増していきます。そして、そのときに求められるのが「対話力」です。

すなわち、大学入試を超え、高校授業を通じて育成する資質・能力が、いかに実社会を生き抜く汎用的な能力に結びついていくか、そうした観点からの授業改善が求められるのです。

9つのリテラシーを育成する言語能力

新しい入試に対応し、大学での学びを見通した汎用的な能力として実社会・実生活で通用するものにしていくためには、これまでとは異なる新しい学びを取り入れた授業を展開していくことが必要です。

その具体を考えるためには、まず「これまで」と「これから」を整理する必要があります（前頁の**資料2**参照）。

各教科において言語能力を軸とした授業改善を確かなものとするために、本書では9つのリテラシーを育成する言語能力に整理しています（**資料3**）。各教科の学習を通じて、

資料3　9つのリテラシーを育成する言語能力

読解力	さまざまなテクストの情報を的確に読み取ったり情報同士を関連づけたりする力
デジタル読解力	ウェブサイトや動画などのデジタル・テクストの情報を的確に読み取る力
分析力	対象を客観的に解釈し、数量的・質的に分析する力
批判的思考力	情報を鵜呑みにせず、多様な観点から批判したり批評したりする力
論理的思考力	根拠を明確にしたうえで、筋道を立てて考えを構成し、組み立てる力
コミュニケーション力	相手や場面を意識し、対話的に意見や考えをやりとりし、目的を達成する力
説明力・プレゼンテーション力	目的に応じて情報を整理し、分かりやすく説明する力
創造的思考力	対象をイメージし、アイデアをかたちのあるものに創りあげていく思考力
鑑賞力	対象を的確に把握し、鑑賞の観点を見つけて、深く捉える力

これらの9つのリテラシーを確実に身につけさせていくためには、授業のなかで焦点を当てて指導することが大切です。

そこで、教科特性と学習内容の特性に照らし合わせて、焦点化して取り扱うことにしました。

なお、個々のリテラシーを育成する言語能力は、それぞれは独立したものではなく、学習場面によっては相互に関連し合う特徴をもっていることに留意が必要です。

学習プロセスの質的改善とは？

資料3にまとめた9つの力は、今次の学習指導要領が重視する学習プロセスの質的改善を促す思考・判断・表現を通して、徐々に深められていくものです。

この学習プロセスには、それぞれ次の機能があります（**資料4参照**）。

《インプット》における教科固有の学習活動とは、たとえば、次が想定されます。

①国語科：テクストの読み取り
②理科：実験や観察
③保健体育科：身体活動
④音楽科：歌唱、鑑賞、演奏　など

内的な言語活動が中心になりますが、個人でじっくり考える学習がないとインプットは十分に行われません。思考を十分に働かせ、深められるようにするための静的学習です。

資料4　学習プロセスの機能

インプット
情報の受容
（静的学習）

・学習課題の理解を図る。
・教科固有の学習活動を通して、情報を受容するとともに整理を行うなど内的に言語化する活動を通して、**情報の意味内容や文脈を的確に捉える**。

▼

インテーク
思考の深化
（動的学習）

・インプットしたことを分析したり批判的に捉えたりするなど外的に言語化する学習活動を通して、**思考の深化を図る**。必要に応じて対話的な学習を行う、学習者相互で共有する。

▼

アウトプット
思考の外化
（外的学習）

・思考を深めたことを教科固有の表現方法で効果的に表現・表出するとともに、外的に言語化する学習活動を通して、**学習内容の定着を図る**。

《インプット》したことを深化させるためには、分析したり批判的にとらえたりする外的活動を必要とします。すなわち、思考をより深めるための学習プロセスです。このプロセスを経ることによって、思考を前に動かしていくという意味で動的学習になります。この機能を本書では《インテーク》と呼びます。

《インテーク》では、言語化したことを他者との対話的な学習によって協働的に行う学習、個人で主体的に進めていく学習双方において、思考が動的に働くことを必要とします。この学習プロセスにおける思考の深化が十分でないと、「深い学び」につながっていきません。

《アウトプット》は、深めた思考を他者に見える（感じる・伝わる）ようにするプロセスです。教科固有の表現方法としては、たとえば次のとおりです。

①国語科：説明
②保健体育科：身体活動
③英語科：コミュニケーション活動　など

表出・表現することとは、言語化されることではじめて他者に伝わるアウトプットとなります。たとえば、保健体育科の授業でグループごとに創作ダンスを行った場合、そのパフォーマンスの意味を言葉で説明することなどがその最たる例です。パフォーマンスへの思い、なぜそのスタイルにしたのか（意図）、選曲理由などについて他の学習者に説明することによって、言語能力は養われ、他の学習者とパフォーマンスのねらいや思いの共有が図られます。すなわち、**体験と言語が結びついたときに、言語能力はよりいっそう高まり、深い学びが生まれる**、ということです。

このとき、ひとつ留意すべきことがあります。それは、教科固有の表現活動にしても言語化にしても、《アウトプット》すること自体が目的ではない、ということです。学習内容の定着こそ目指すべき地平です。言い換えれば、学習内容をより定着させるための教育効果の高い手段として、《インプット》《インテーク》《アウトプット》という学習プロセスの機能を活用する、それが本書の考え方です。

本書ではこの考え方をよりどころとして、各教科の特性に応じた言語能力の育成に焦点を当てること、様々な学習プロセスにおいて言語を用いる場面を意図的に設定すること、その結果として各教科の学習内容の定着を効果的に図ることをねらいとしています。

どのように学力観の転換を図るか？

大学入試が大きく変革されるにしても、これからの高校において求められる学力観が、文部科学省から教育委員会へ、そして学校へとトップダウンに示されるだけでは、変革に対応できるようになるまでに相当の時間を要することでしょう。

それよりも、先生方の日々の授業感覚の桁《けた》でイメージするところからはじめたほうが、浸透も早く無理のない実践につながっていくと考えます。そこで、本書では**資料5**にあげた3つのポイントを軸に授業改善を行うことを提案します。

①の工夫は、単元という考え方に転換するということにほかなりません。②に示した

資料5　学力観の転換を図るための工夫のポイント

①１単位時間ごとの完結性よりも単元という発想に立ち、学習の連続性・継続性を重視した授業づくりを行うこと。
②教科固有の指導事項を定着させるため、学習プロセスを重視し、言語能力の育成に関連付け、質の高い言語活動に取り組むこと。
③定期試験の一部に、授業内容に関連した良質な記述問題を導入し、評価を工夫する試みを取り入れること。

質の高い言語活動に取り組めば、学習は自ずと1単位時間では収まりきらず、授業の終わりにまとめを入れる意味も薄れてしまうでしょう。

むしろ、**学習は継続的に次の時間に引き継がれ、学習者には学習の連続性を意識させることが、今後よりいっそう大切**になります。

そこで、1単位時間の終わりに無理してまとめの時間を設け、学習者の問題意識を遮断したり、次の時間まで継続して考えたい課題の答えを授業者が性急に示したりすることのないように単元を設計（デザイン）し、生徒の学習動機が高い水準をキープできるように腐心します。

②の工夫は、「インプット↓インテーク↓アウトプット」の学習プロセスを踏むということです。これは、言語化のプロセスを重視するということでもあります。

③の工夫は、高校ではいちばん勇断が必要な取組だといえるでしょう。《これからの授業》＝新しい学びを導入した場合、定期テストの一部でもよいので良質な記述問題を盛り込み、《こ

れからの授業》＝新しい学びの実態にふさわしいテスト問題にすることです。

このとき、知識再生型の記述問題であっては意味をなしません。同じ素材ではなく、指導事項の定着を見るという観点に立って他の素材を選ぶことが大切です。

素材の質次第で問題の質も決まります。採点基準は複雑化せず、授業と離れすぎないように、シンプルな評価基準を設定することが大切です。

カリキュラム・マネジメントを遂行するために心得ておくこと

授業デザイン段階で、「主体的・対話的で深い学び」を実現しようとするとき、次のような課題にぶつかります。

○単元としてまとまった時間数が必要になる。
○学習は深くなるが、範囲が狭くなりやすい。

結論から言うと、シラバスいかんによって、教師の授業イメージをより確かなものにするカリキュラム・マネジメントを実現できるようになります。

カリキュラム・マネジメントというと、つい校長、副校長・教頭といった管理職や、教務主任などが行うものと思いがちですが、新しい学習指導要領が求めるカリマネは、教師自身が自分の授業をより望ましいものに改善していくことにその価値があります。

このような授業を設計（デザイン）するためには、シラバスを作成する際に、教材や単元名を機械的に配列することなく、教科内容に応じて次の観点から単元をとらえる必要があります。

○基礎・基本となる知識や技能を指導する基礎学習の単元
○主体的・対話的な学習を中心に行う単元

このとらえ方を軸にしてシラバスを作成し、教師が他教科のシラバスを念頭に置きつつ、内容が近い単元の実施時期を把握しておくことが大切です。

教科の専門性をよりどころにして授業計画を共有することが、翻って教科を越えて同じ目標に向かっていける授業づくりにつながっていきます。

たとえば、環境問題であれば、国語科と英語科の教科書教材に見られます。そこで、双方の教科の教師がシラバス作成段階で学習時期をあらかじめ重ね合わせておくのです。すると、たとえば国語科で学んだ環境への問題意識を生かして英語科の学習材で学ぶという活動を、教育内容ベースで摺り合わせなくとも、学習時期が近いことで、生徒自らが関連づけて学んでいける機会となります。

また、シラバス上に指導方法を示しておけば、教科間の取組が「見える化」されます。

シラバスは多くの高校で整備していますが、大学教育に比べるとまだ遅れており、単元名や教材名の配列が並ぶだけの計画が多いのが実情です。また、評価方法の項目では「総合的に評価する」という抽象的な表現にとどまるものが多く、学習者の立場からすればわかりにくいという課題も見られます。せめて評価項目ごとにパーセンテージ（％）を示すだけでも、何をもって評価とするのかが第三者にもわかる指標となるでしょう。

学習者の学びを主軸に置いたシラバスをつくることは、《これからの授業》＝新しい学びへの第一歩であるといって過言ではありません（Chapter04 で詳述）。

Chapter01

これからの高校生に求められる資質・能力

ＡＩ社会に生きる

「失われた20年」を経た現在は、「ポスト産業社会」に突入しており、今後、大きな経済成長はあまり期待できないと言われています。変化が激しく、見通しをもちにくい時代です。国外を見渡せば、我が国も国際紛争と無縁ではありません。

私たちは、ものづくりという価値観を重視した時代から、新たな価値を創造する「ポスト産業社会」（情報・知識・サービスなどを扱う第三次産業の占める割合が高まった社会）に生きてきました。

しかし、そのポスト産業社会も成熟期に入り、ＡＩ社会の到来を迎えようとする今、「ポスト・ポスト産業社会」のステージに入ったと言えるのかもしれません。今後、指数関数的なスピード感で、新しいテクノロジー（ＡＩやＩＯＴなど）が進展し、私たちの生活を大きく変化させていくでしょう**（資料1）**。

ポスト・ポスト産業社会、いわばＡＩ社会では、旧来型の価値観では対応がむずかしくなると言います。いわゆる日本型組織経営は平成時代の遺産となり、**トップダウンからボトムアップへ、リーダーシップからフォロワーシップへ、価値観や方法論の転換を図ることが求められる社会**です。

資料1

ポスト産業社会		AI社会
◯競争社会 ◯学歴主義 ◯能力主義の限界	▶	◯ボーダーレスな協働
◯大きな経済成長は期待できない ◯我が国も国際紛争と無縁ではない		◯人と協調して、立場や意見の違いを超えて、共に学び合い、助け合い、支え合う（共助）社会
◯変化が激しく、見通しをもちにくい		◯知識を他者のために生かす社会
◯テクノロジーが私たちの生活を変化させる		◯人と人とのつながりが大切 ◯思いやる心を大切にする社会
◯リーダーシップだけでは新しい価値を創造できない		◯フォロワーシップが見直される
◯トップダウンによる組織の硬直化 ◯PDCAサイクルの限界		◯ボトムアップによる組織 ◯新しい PDC & A サイクルの創出

ＰＤＣＡサイクルも旧来型の価値観として、いずれ平成時代の遺物の一つとなるでしょう。

現在、成功を収めたＩＴ企業であっても、ＰＤＣＡモデルの経営では、変化のスピードについていけないと言われます。

そもそも、ＰＤＣＡサイクルは、一定の品質を確保する商品管理において有効な手法です。しかし、今や（食品を除けば）すべての商品を同一工場で生産しているわけではありません。

たとえば、アップル社は自社工場をもっていません。世界の各地で安価に部品を生産・供給するサプライチェーン方式を採用し、スマートフォンの部品は、世界中で生産されています。

いちいちチェックしていては、新しい価値の創造に間に合いません。重要なのは、チェックよりも実践です。そのような意味では、チェックとアクションを同時に行ってもいいわけです。ＰＤＣ＆Ａです。

学校に即していえば、改革を進めるのに当たり、従来型の校務分掌組織ではなく、若手の教師を中心にしたプロジェクト・チーム型の改革が成果をあげます。

ＡＩは個人を認識できます。そんな社会では、人間でしかできないことに目を向ける必要があります。そのためには、**他者との対話を大切にし、お互いのよさを認め合いながらチームで課題を解決していける資質・能力が必須**となります。それがＡＩ社会における機械との共存を実現するでしょう。

これらの意味で、中央教育審議会答申（「幼稚園、小学校、中学校、高等学校及び特別支援学校の学習指導要領等の改善及び必要な方策等について」／２０１７〈平成28〉年12月）が提案したいくつかの提起は、未来社会を見通したものだといえます**（資料２）**。

このうち、「②知っていること・できることをどう使うか（思考力、判断力、表現力等）」では、次の資質・能力の育成が求められます。

○自ら問いを立て、解決する。

資料2　学習する子供の視点に立つ、育成を目指す資質・能力

①何を知っているか、何ができるか（個別の知識及び技能）

○各教科等に関する個別の知識や技能などであり、身体的技能や芸術表現のための技能等も含む

○既存の知識・技能と関連づけたり組み合わせたりしていくことにより、知識及び技能の定着を図るとともに、社会の様々な場面で活用できる知識及び技能として体系化しながら身につけていくことが重要

②知っていること・できることをどう使うか（思考力、判断力、表現力等）

○問題を発見し、その問題を定義し解決の方向性を決定し、解決方法を探して計画を立て、結果を予測しながら実行し、プロセスを振り返って次の問題発見・解決につなげていくこと（問題発見・解決）

○情報を他者と共有しながら、対話や議論を通じて互いの多様な考え方の共通点や相違点を理解し、相手の考えに共感したり多様な考えを統合したりして、協力しながら問題を解決していくこと（協働的問題解決）

〈次のような「思考・判断・表現を行うことができることが重要」としている〉

○問題発見・解決に必要な情報を収集・蓄積するとともに、既存の知識に加え、必要となる新たな知識及び技能を獲得し、それらを適切に組み合わせ、活用しながら問題を解決していくために必要となる思考

○必要な情報を選択し、解決の方向性や方法を比較・選択し、結論を決定していくために必要な判断や意思決定

○伝える相手や状況に応じた表現

③どのように社会や世界とかかわり、よりよい人生を送るか（学びに向かう力、人間性等）

○主体的に学習に取り組む態度も含めた学びに向かう力や、自己の感情や行動を統制する能力、自らの思考のプロセス等を客観的に捉える力など、いわゆる「メタ認知」に関するもの

○多様性を尊重する態度と互いのよさを生かして協働する力、持続可能な社会づくりに向けた態度、リーダーシップやチームワーク、感性、優しさや思いやりなど、人間性等に関するもの。

○ねばり強く取り組む。
○さまざまなメディアを活用しながら、情報を取捨選択する。
○批判的に思考する。
○受けとめる人のことを考えて、想いや願いを含めて発信する。

ここでいう「情報」とは、メディアの情報だけではなく、人を対象とした情報も視野に入れておくべきでしょう。学校教育においては、社会の多様な人材や施設等のリソースを教育資源として活用することが必要だからです。この考え方のベースとなるのが「社会に開かれた教育課程」です。

また、ネット社会、なかでもＳＮＳの進展により、自分をどう見せるかに気をつかうような「個の営み」にいっそう収斂されていきます。負の側面でいえば、ＬＩＮＥを使ったいじめに象徴されるように、個々の親密圏は狭く閉じられた空間になりつつあります。インターネットの黎明期では、「熟議」などの市民的な役割が期待されていましたが、現在では、熟議どころか本音を口にすることさえ憚《はばか》られ、場合によっては「炎上」する危険すらあります。

また、「③どのように社会・世界とかかわり、よりよい人生を送るか（学びに向かう力、人間性等）」については、リアルな教室の場での他者との「対話的な学び」を通して身につけていける他者との関係性が求められます。

新時代の高校教育

新しい学習指導要領は、次の教育の実現を求めています。

○実社会・実生活で生きて働く資質・能力の育成
○主体的・対話的で深い学びの過程の実現
○探究的な学習の充実
○カリキュラム・マネジメント
○社会に開かれた教育課程の実現

この背景には、欧米の21世紀型スキルがあります（資料3）。

これらの諸点については、平成17年に公表された中央教育審議会答申においても知識基盤社会として整理されています。

資料3　欧米の21世紀型スキル

〈思考の技法〉
①創造性とイノベーション
②批判的思考、問題解決、意思決定
③学び方の学習、メタ認知
〈働く方法、他者とともに働くスキル〉
④コミュニケーション
⑤コラボレーション（チームワーク）
〈働くためのツール　道具を用いる〉
⑥情報リテラシー
⑦ＩＣＴリテラシー
〈世界の中で生きる　個として社会の一員として市民的責任を担う〉
⑧地域とグローバル双方においてよき市民であること
⑨人生とキャリアの発達
⑩個人の責任と社会的責任者

「21 世紀型スキルの学びと評価プロジェクト」（ATC21S）

〈知識基盤社会の定義〉
①知識には国境がなく、グローバル化が一層進む。
②知識は日進月歩であり、競争と技術革新が絶え間なく生まれる。
③知識の進展は旧来のパラダイムの転換を伴うことが多く、幅広い知識と柔軟な思考力に基づく判断が一層重要になる。
④性別や年齢を問わず参画することが促進される。

①については、インターネットをベースとしたネット社会の進展が背景にあります。
テクノロジーは、（よくも悪くも）生活を大きく変化させてきました。近年では

スマートフォンなどがその典型例だといってよいでしょう。

②については、今後ますますその特徴が顕著になるでしょう。このことは、③の「知識の進展は旧来のパラダイムの転換を伴うことが多く、幅広い知識と柔軟な思考力に基づく判断が一層重要になる」ことと同一線上にあります。OECDのPISA（国際学習到達度調査）においても、たった一つの答えを求めてはいません。自分の判断に基づいて説得力のある説明を行えるようにすることを期待しているのです。

他方、PISAに対しては、「グローバルな競争社会で勝ち抜くことのできるような人間像が想定されている」という批判はありますが、これまでのような、たった一つの正答を求める大学入試では、社会の変化に対応できる資質・能力は養われにくいのも確かです。

これからは、人と人とのつながりがよりいっそう求められる時代が到来します。それも、問わず語らず受容するような関係性ではなく、立場や意見の違いを越えてお互いに議論し、そのうえで他者と助け合い、支え合っていけるような共助の社会の実現です。

特に、日本は諸外国に比して超少子高齢化社会が既に到来しています。そのような意味で、④は「性別や世代を超えたつながりが社会をよりよくしていく」という視点を私たちに投げかけています。

しかし、現実は、多様性を認め合える社会とは程遠い状況でもあります。この現状をいかに突破していけばよいか。おそらく、何をもって知識基盤社会の理念とするかに、その手掛かりがあるように思います。それは、「**知識は他者を生かすためにある**」という人間観です。

こうした考え方を教室に置き換えれば、資質・能力を育成するための授業改善の視点であるといわれる「主体的・対話的で深い学び」の姿も見えてくるのではないでしょうか。なぜなら、授業とは教師と生徒との協働作業によって成立するものであり、教師の一方的な思いや願いだけで実現できないという従来型の「授業観」の転換を伴うものだからです。

とはいえ、我が国の教育は、振り子のように知識重視と経験重視の左右に振れ、紆余曲折を経ながらも、戦前・戦後を通じて大切にされてきた、学習者を中心にするという「教育観」があります。それは尽きることなく地下水脈のように脈々と流れているはずです。

この「教育観」と今後求められる「授業観」をベストミックスしていくためには、単にこれまでの教育実践を否定するのではうまくいかないでしょう。そうではなく、**これまで積み重ねてきた実践の上に立ち、少しずつ改善していくほうが賢明**です。特に、高校教育においてはそうだと思います。

ＰＩＳＡに見られる子供たちの読解力

本題に入る前に、少しばかり遠回りします。

２０１８年12月、経済協力開発機構（ＯＥＣＤ）が行った国際的な学習到達度調査（ＰＩＳＡ）の結果が公表されました（「読解力」「科学的リテラシー」「数学的リテラシー」の３分野を調査）。15歳を対象とし、世界72の国と地域から約54万人もの子供たちが参加しました。日本では、無作為抽出された１９８校、約６、６００人の高校１年生が対象です。「読解力」の得点では、１位はシンガポール、２位は香港、３位はカナダ、４位は北欧のフィンランドで、日本は第４位から第８位に後退しました。他方、「科学的リテラシー」と「数学的リテラシー」の２分野の平均点の順位は、現在の調査方法になって以来過去最高となりました。

文部科学省は、この調査結果を受けて、「コンピュータ画面を使った出題・解答形式に対する生徒の戸惑い」を順位後退の要因に挙げています。また、「情報を読み解き、言葉にする力に課題がある」と指摘し、その要因として、近年爆発的に普及したスマートフォンにより、長い文章を読むことが少なくなった点を挙げています。

ＰＩＳＡの問題自体は原則として公表されませんが、「ＰＩＳＡ２０１５年調査問題例」として「コンピュータ使用型・科学的リテラシー問題」が公表されています。これを見ると、問題文そのものを理解するのにも読解力が必要であることが見て取れます。物事を多角的にとらえて簡潔に表現する能力や発想力も必要です。

ほかにも、次の分析が見られます。

○従来から見られた「自分の考えを説明すること」などに課題がある（解答を課題文中から探そうとしているなどの誤答）。

○過去の結果と比べて正答率に大きな変化があった設問の誤答状況を分析すると、

・複数の課題文の位置付け、構成や内容を理解しながら解答することができていない

・コンピュータ上の複数の画面から情報を取り出して整理し、それぞれの関係を考察しながら解答することができていない

などの誤答が見られた。

これらの結果や分析に対して、文部科学大臣メッセージ（資料４）が出されたほどです。２００３年の調査まで遡ると、「読解力低下」と大々的に報道され、当時はＰＩＳＡショックとさえいわれました。

そもそも「読解力」とは「reading literacy」の訳であり、次のように定義されています。

資料4　大臣メッセージ

平成28年12月6日

松野文部科学大臣コメント

本日、経済協力開発機構（OECD）が2015年に実施した生徒の学習到達度調査（PISA）の調査結果が公表されました。

今回の調査結果によると、我が国の学力は引き続き上位に位置し、生徒の科学に対する態度についても改善が見られることが分かりました。

これは、先般公表された、国際数学・理科教育動向調査（TIMSS）の結果と合わせて見ても、各学校や教育委員会において、「確かな学力」を育成するための取組をはじめ、学校教育全般にわたり教職員全体による献身的で熱心な取組が行われてきたことの成果であると認識しています。

一方で、今回の結果からは読解力については、コンピュータ使用型調査に対する生徒の戸惑いや、次期学習指導要領に向けた検討過程において指摘された課題も本調査で明らかになりました。

文部科学省としては、児童生徒の学力を引き続き維持・向上を図るため、

・学習指導要領の改訂による子供たちの資質・能力を育成する教育の実現や国語教育の充実
・「読解力の向上に向けた対応策」に基づく学習の基盤となる言語能力・情報活用能力の育成
・時代の変化に対応した新しい教育に取り組むことができる「次世代の学校」指導体制の実現に必要な教職員定数の充実

を推進してまいります。

自らの目標を達成し、自らの知識と可能性を発達させ、社会に参加するために、書かれたテキストを理解し、利用し、熟考し、これに取り組むこと

つまり、ＰＩＳＡが求める「読解力」は、日本の国語科教育が目指してきた読解力とは根本的に概念が異なることがわかります。そこで、２００３年以降、文部科学省は、ＰＩＳＡ型読解力を育成する取組に着手します。具体的には、学校教育法を改正し、第30条第2項において学力の三要素を条文化するなど、「脱ゆとり」政策を推し進めてきたことは記憶に新しいでしょう。

国はすべての教科等における言語活動の充実の施策にも力を入れてきました。単に文章を読み取るだけではなく、文章をもとに分析したり、読み取ったことを文章に表現したりするなどのいわゆる活用型の学習を目指してきたのです。

ＩＣＴ活用と情報活用能力

先の文部科学大臣コメントで示された具体方策3点のうちの2点目（「読解力の向上に向けた対応策」）では、さらに次の3点が示されています。

○指導の改善・充実
学習基盤となる言語能力・情報活用能力の育成
語彙力の強化、文章を読むプロセスに着目した学習の充実、情報活用に関する指導の充実、
コンピュータを活用した指導への対応
○調査研究の充実
読解力の向上の基盤整備
○学校ＩＣＴ環境整備の加速化
「学習上必要な時に一人一台使える環境」の構築

このうち、「学校ＩＣＴ環境整備の加速化」は特に重要です。

２０１６（平成28）年度、私はオーストラリア（アデレード）やアメリカ（ワシントン、ボストン、ミネアポリス）に赴き、現地の学校のＩＣＴ環境を実地調査したことがあります。科学研究費補助金による研究の一環として行った調査でしたが、これら諸都市の学校に比べて、日本のＩＣＴ環境がどれだけ遅れているかを感じずにはいられませんでした。

先のＰＩＳＡ２０１５でも、情報活用能力が課題としてあがっていましたが、この背景には、ＩＣＴ環境の遅れが影響していると思います。また、スマートフォンの普及に

より、ＰＣのキーボード操作に慣れていない中高生が増加していることも一因かもしれません。

ＰＩＳＡの各国政府に与える影響力は大きく、順位の変動にきわめて敏感です。それは日本においても例外ではありません。ＰＩＳＡに対しては、「グローバリゼーション下での国際経済競争力の高い人間像を前提にしている」という批判や、「ＰＩＳＡがよりどころとするコンピテンシー・ベースの方向性で本当によいのか」という批判もあります。しかし、世界的な趨勢を考えれば無視することはできません。大切なことは、冷静に調査結果を分析し、拙速な取組に走らないことです。もし、短絡的で対症療法な施策を打ち出せば、教育現場が疲弊するだけです。

ただ、一つ疑問に思うことは、今回の調査結果で長文の問題に対する不慣れに対しては話題になったものの、肝心の読解力の順位低下に対しては大きな批判の声があがらなかったことです。おそらくその背景には、読解力低下とはいっても問題の内容への認知度が低いことなどが挙げられるかもしれません。

新センター試験（大学入学共通テスト）が重視する能力

高等学校の新しい学習指導要領国語科では、次の内容が具体化されています。

〈学習指導要領の改訂による国語教育の改善・充実〉

○読解力を支える語彙力の強化（例：学習指導要領における語彙指導の位置付けの明確化、読書活動の充実など）

○文章の構造と内容の把握、文章を基にした考えの形成など、文章を読むプロセスに着目した学習の充実（例：文章の構成や展開について記述を基に捉える学習、文章を読んで理解したことを基に自分の考えを深める学習の充実など）

○情報活用に関する指導の充実（例：比較や分類など情報の整理に関する指導の充実、実用的な文章を用いた学習活動の充実など）

○コンピュータを活用した指導への対応（コンピュータ上の文章の読解や情報活用に関する指導の充実）

〈現行学習指導要領の下での指導の改善・充実〉

○次期学習指導要領の方向性を踏まえた指導改善ポイントの作成（2017年度から活用）

公表時からわざわざ傍線を引いて示された**「文章を読むプロセスに着目した学習の充実」と情報活用に関する指導の充実は、新センター試験（大学入学共通テスト）が重視する能力**と考えられます。また、コンピュータを活用した指導への対応として、情報テクストの読解が重視されることが考えられます。

Chapter02

〈大学入学共通テスト〉モデル問題の背景を考える

―小学校、中学校からつながる改革の道筋―

２０１６年度教育課程実施状況調査（高校）の結果から見えてくるもの

「言語活動に関する校内研修を学校全体として実施しているか」について、「実施している」と回答した高校は、普通科36・7％、専門学科32・4％、総合学科34・1％と低く、「実施していない」は普通科63・3％、専門学科67・6％、総合学科65・9％にのぼります。

２０１８年改訂の学習指導要領では、校種を問わず、探究的な学習が重視されており、総合的な学習の時間は、総合的な探究の時間へと改称されます。

総合的な学習の時間の学習内容を概観すると、キャリア教育がいずれも高い数値を示しています（普通科では1年80・5％、2年84・1％、3年84・2％）。他の領域では、国際理解、環境、福祉・健康、伝統と文化が、普通科ではそれぞれ平均して20％台となります。

総合的な学習の時間が新設されたときは、学校現場から「どのような内容・方法で取り組めばいいかわからない」という声が多く聞かれました。これに対して文部科学省は、実践事例集を発刊しましたが、この事例集で示された学習内容がベースとなりました。別の見方をすると、キャリア教育の実施率が高いのも、総合的な学習の時間が定型化してしまっている証左だと見ることもできます。

また、当時の進学校では、実質的に総合的な学習の時間の授業を行わず、たとえば、英語のサブリーダー（副読本）を読むような授業で済ましている状況がありました。そのような状況に比べれば、（たとえ定型化しているにしても）高校においても総合的な学習の時間はないがしろにはできない存在であるという見方もできるでしょう。

この実施状況調査で注目したいのは、「その他」です。これには、自己理解、進路研究、自己設定テーマ探究等が含まれ、実施学科数は、普通科では34・2％、専門学科では31・4％、総合学科では64・6％と高い数値です。

近年では、スーパーサイエンスハイスクールをはじめとして、進学校や私立高校での取組が目立ちます。また、課題研究、卒業研究といった校内科目名を付して、ゼミ形式で1年間をかけて研究に取り組む高校も出てきました。

「自己設定テーマ探究」に見られるような探究的な学習への取組は、総合的な学習の時間の特色化を図り、（一見遠回りに見えても）単なる受験指導では補えない、大学での学びを見通した取組だといえるでしょう。

このような取組は、今後、総合的な探究の時間に継承されていくことになります。

資料1

○小学校国語の課題
・目的や意図に応じて、場に応じた適切な言葉遣いで話したり、必要な事柄を整理して書いたりすることに課題がある。また、具体的な叙述を基に理由を明確にして、自分の考えをまとめることにも課題がある。
○中学校国語の課題
・事象や行為などを表す多様な語句について理解することに課題がある。
・伝えたい事実や事柄について、根拠として取り上げる内容が適切かどうかを吟味する点に、依然として課題がある。
○小学校算数の課題
・二次元表の理解や、基準量・比較量・割合の関係を的確に捉え、判断理由を数学的に表現することに課題がある。
○中学校数学の課題
扇形の弧の長さを求めること、関数の意味や範囲の意味の理解に課題がある。また、各種事象を数学的に説明することにも課題がある。

小・中学校から高校へ
—全国学力・学習状況調査の課題を引き継ぐ

２００７年度より毎年４月に実施されている全国学力・学習状況調査（全国の小学校６年と中学３年対象）は、新センター試験で試行されている問題内容や読解力を考えるうえで大きなヒントになります。**資料１**は２０１７年度に実施した際の課題です。

この資料を見ると、問題文や数式と資料を関連づけたり、根拠に基づいて記述したりする点に共通する課題があることがわかります。

数学の場合には、「数学的に表

資料2

〈小6　国語問題〉

目的や意図に応じ、必要な内容を整理して書くことができるかどうかをみる問題

▼

[課題] 目的や意図に応じ、中学生からの助言から必要な内容を整理して、協力を依頼する文章を書くことに課題がある。

〈小6算数問題〉

示された式の中の数が表す意味を書き、その数が表のどこに入るかを選ぶ問題

▼

[課題] 資料から、二次元表の合計欄に入る数を求めたり、示された式の中の数の意味を、二次元表と関連付けながら正しく解釈し、それを記述したりすることに課題がある。

問題に示された二つの数量の関係を一般化して捉え、そのきまりを言葉と数を用いて記述できるかどうかをみる。

▼

[課題] 問題に示された二つの数量の関係を一般化して捉え、そのきまりを記述することに課題がある。

現する」「数学的に説明する」という、国語と表現方法の違いはあるにしても、正確な表現ができていないことが指摘されています。

次に、個別の問題分析もみてみましょう（資料2）。

この資料からもわかるように、仮に根拠を示すにしても、それが根拠として適切なのかを吟味したり、第三者に対して的確に表現することが必要だとわかります。記述力で課題がある点は国語と算数、数学は共通しています。

これらのことを念頭に、

新センター試験モデル問題や試行調査問題を見ると、「与えられた条件のなかで情報を取り出して的確に表現する」という点で、全国学力・学習状況調査における基本的な考え方が盛り込まれていることがわかります。

これまでも、各教科等において言語活動の充実を図ることは、どの学校段階においても共通に目指されてきたものです。しかし、高校段階ではなかなかその充実を図れない事情がありました。こなすべき教育内容の膨大さがその理由です。

このことは高校関係者も認識しています。たとえば、日本学術会議は、報告書「高等学校の生物教育における重要用語の選定について」（2017年9月）を公表しました。「高校理科では、受験科目に物理と化学を選択する生徒が多く生物は少ない」「生物は生物以外の教師にも生徒にも暗記科目」として認識されています。生物では覚えなければならない生物用語が多すぎるためです（およそ2，000語程度）。

そこで、最重要語254語、重要語258語、計512語に絞り込む試みがなされています。この動きは、**事実としての知識の丸暗記や記憶再生型の受験学力を問う大学入試からの脱却を目指したものである**といえます。

このように、小学校教育から高校教育までの一連の教育に1本の軸を通すことが、大学入試改革の主たる目的だといえます。そのため、今次の改革は、高校に対してはもとより、小学校や中学校に対しても、さらなる授業改善を求めているのです。

「言語活動の充実」というと、ややもすると方法論に向きすぎだと高校教師から敬遠される向きもありましたが、「主体的・対話的で深い学び」という授業改善の視点が示されたことで、すべての校種をつなぐ理念となりました。こうした理念は、（裏を返せば）高校のために用意されたものだと言っても差し支えないでしょう。

このように、新センター試験対策や大学の学び、実社会・実生活に資する資質・能力の育成など、高校教育に対しては、まさしく待ったなしの対応が求められているといえるのです。

Chapter03

高校に適した
アクティブ・ラーニング型
授業改善のポイント

―大学入学共通テストを見通して―

一口に主体的・対話的で深い学びのある授業といっても、すぐに正確なイメージをもてるものではありません（抽象的な定義は平成28年の中教審答申を参照）。そのため、つい授業に毎時間話し合い活動を入れればよいのか、ワークシートにまとめる活動を入れればよいのかと「やること」ベースで考えてしまいがちです。そこで、本章では《インプット→インテーク→アウトプット》という大きな流れから具体のイメージを得られるようにしたいと思います。

《インプット》 教師の話を聞いたり、教科書や資料を読んだりすること
《インテーク》 問いを考えるため、熟考すること
《アウトプット》 発言したり、話し合ったり、ノートにまとめたりすること

生徒が自ら考え、自己の考えを整理し、学習内容の定着を図ることが大切です。そのために、1単元のなかで主にどの学習プロセスに重きを置くかを考え、単元全体を通して、《インプット→インテーク→アウトプット》という大きな流れが生まれるように授業をデザイン（設計）するわけです。

以下、授業をデザインする必要性の背景と具体像を論じます。

大学入学共通テストにつなげる授業改善のポイント

プレ問題で見る記述力―情報の取り出し・分析・批評でとらえる

２０１７年３月、大学入学共通テストの問題例が示され、続く７月には全国の高校、中等教育学校などで試行実施された試行調査問題が公表されました。たとえば、国語の問題例では、「駐車場の契約書」をもとにした出題です。

○２０１７年実施の試行調査問題の国語

第１問では、生徒会部活動規約、会話文、３つの資料から構成されています。会話には５人の人物が登場し、部活動の終了時間の延長について話し合っています。この問題では、読解力が求められています（資料１）。

問２と問３は、会話文の２箇所ある空欄に入るべき文について、条件に合わせて決められた字数で記述するという問題ですが、問３では条件が複雑です。

資料を含めると大変に多い情報量です。会話はそもそもどういう内容について話し合い、何が問題にされているのか、その文脈を読み取らなければなりません。ここでは、示された資料から問いの求める内容に合わせて必要な情報を取り出し、条件に合わせて

資料１　国語の出題

問１　傍線部「当該年度に部を新設するために必要な、申請時の条件と手続き」とあるが、森さんが新聞に載せるべき条件と手続きはどのようなことか。五十字以内で書け（句読点を含む）。
問２　空欄［ア］に当てはまる言葉を、要望の内容が具体的に分かるように、二十五字以内で書け（句読点を含む）。
問３　空欄［イ］について、ここで森さんは何と述べたと考えられるか。次の⑴～⑷を満たすように書け。
⑴　二文構成で、八十字以上、百二十字以内で書くこと（句読点を含む）。なお、会話体にしなくてよい。
⑵　一文目は「確かに」という書き出しで、具体的な根拠を二点挙げて、部活動の終了時間の延長を提案することに対する基本的な立場を示すこと。
⑶　二文目は「しかし」という書き出しで、部活動の終了時間を延長するという提案がどのように判断される可能性があるか、具体的な根拠と併せて示すこと。
⑷　⑵・⑶について、それぞれの根拠はすべて【資料１】～【資料３】によること。

必要な語句を考えて的確に記述することが要求されています。

２つの記述式問題には「多様なテクスト」を問題文とし、テクストの文脈を理解し、問題文で示された条件のなかで適切に情報を取り出し、指示どおりの条件に合わせて、的確かつ簡潔に叙述する能力が求められている点が共通しています。

問題のねらいは、**資料２**のように示されています。

第２問は、記述問題ではありませんが、評論文とあわせて、図や写真が示されています。

資料２　第１問の問題のねらい（国語）

現代の社会生活で必要とされる実用的な文章のうち、高校生にとって身近な「生徒会規約（部活動規約）」等を題材としている。それらを踏まえて話し合う言語活動の場を設定し、複数の資料を用いることにより、テクストを場面の中で的確に読み取る力、及び設問中の条件として示された目的等に応じて思考したことを表現する力を問う。

資料３　第２問の問題のねらい（国語）

図表や写真が含まれた論理的な文章を題材としている。図表や写真と文章とを関連付けながら、構成や展開をとらえるなど、テクストを的確に読み取る力を問うとともに、設問中に示された条件に応じて考えを深め、テクストの内容と結び付く情報とそれらの適切な論理の展開を判断する力を問う。

そのねらいは**資料３**のとおりです。ＰＩＳＡ型読解力で示された非連続テクストを含む出題であることがわかります。

国語科の授業であれば、多様なテクストという視点に立ち、文章に限らず、写真や図表を含めて教材・学習材を読み解く実践を新たに取り入れていく必要があるでしょう。

このタイプの問題の解法は、けっしてむずかしいわけではありません。実を言うと、慣れてしまえばテクニックで解けてしまう問題でもあります。つまり、多くの情報量がある複数の多様なテクストを読み解くトレーニングが必要だということです。

空欄に記入する問題は、すでに現在のセンター試験の国語に取り入れられてお

資料4　第1問〔1〕問題のねらい（数学）

コンピュータのグラフ表示ソフトを用いた授業場面を設定し、二次関数の係数の値の変化に伴ってグラフが移動する様子を考察する問題である。単に計算によって式や数値を求める問題とはならないように工夫している。論理的に推論したり解決過程を振り返ったりしながら、見いだした事柄の根拠を数学的な表現を用いて説明する力を問う。

資料5

(4)　最初の a、b、c の値を変更して、下の図2のようなグラフを表示させた。このとき、a、c の値をこのまま変えずに、b の値だけを変化させても、頂点は第 1 象限および第 2 象限には移動しなかった。その理由を、頂点の y 座標についての不等式を用いて説明せよ。

り、全体としてはその情報量が多くなりました。

また、数学Ⅰ・数学Aの第1問では、二次関数の問題で、記述式の問題も出題されています。第1問の出題のねらいは**資料4**、記述式の問題内容は**資料5**のとおりです。

出題のねらいにあるように、求められた条件に従い、「見いだした事柄の根拠を数学的な表現を用いて説明する」力が求められています。

問題傾向として、国語も数学も、情報活用能力が強く意識されており、学習指導要領の指導事項が見事に反映されています。この傾向は他の教科にも見られます。このような問題を解くにあたって、生徒には**資料6**の手続きに則った資質・能力が必要です。

資料６ 【解法の手続き】＝【テクストを読解・分析し、表現する手続き】

①問題文で示された条件設定を理解する。

インプット（情報の読解・取り出し）

②問いのねらいとそれに合わせたテクストの意図（＝文脈）を理解する。
→なぜそのテクスト（図表、計算式などを含む）が置かれているのかを理解する。

③文脈の中で、個々のテクストの情報を読み取る。

インテーク（情報の熟考・評価・分析）

④個々のテクストの関連性を見つける

⑤問いの条件に合わせて答えの根拠となるテクストから情報を取り出す。

アウトプット（熟考に基づく表現・情報の発信）

⑥取り出した情報を加工し、指定された字数で的確に表現する。

【解法の手続き】は、問題を解く場合というよりも、【テクストを読解・分析し、条件に応じて表現する手続き】と言い換えることができます。これは、２０１８年の試行調査問題の国語と数学でも引き継がれています。テストの場面に限って使われる能力ではなく、日ごろの学習を通して養う必要があるものです。

すなわち、学習指導要領に沿った「育成を目指す能力・資質」というとき、実社会・実生活でも通用する「汎用的な能力」を意識した学びを考えるべきでしょう。しかし、それは単に「実用的」という言葉に置き換えるべきではありません。

たとえば、高校1年生のうちから、実用性を重視するあまり、単なるテクニックに走った授業に偏れば、生徒の自主性も意欲の高まりも期待することができなくなるからです。

これからの高校教師に求められることは、私たちが教科の指導を通じて長年にわたり積み上げてきた教科ごとの特質（教養）を、「コンピテンシー」という観点からとらえ直した授業改善の実現なのです。

アクティブ・ラーニングが目指す本質は何か

ここで、中央教育審議会答申「新たな未来を築くための大学教育の質的転換に向けて生涯学び続け、主体的に考える力を育成する大学へ」（2012年8月）に示された説明を確認しておきます（掲載元は答申の脚注）。

> 教員による一方的な講義形式の教育とは異なり、学修者の能動的な学修への参加を取り入れた教授・学習法の総称。
>
> 学修者が能動的に学修することによって、認知的、倫理的、社会的能力、教養、知識、経験を含めた汎用的な能力の育成を図る。発見学習、問題解決学習、体験学習、調査学習等が含まれるが、教室内でのグループ・ディスカッション、ディベート、グループ・ワーク等も有効なアクティブ・ラーニングの方法である。

この段階では、「発見学習、問題解決学習、体験学習、調査学習等」とあります。

松下佳代氏は「アクティブ・ラーニングの一般的特徴」として次の6点を挙げています。

(a) 学生は、授業を聴く以上の関わりをしていること
(b) 情報の伝達より学生のスキルの育成に重きが置かれていること
(c) 学生は高次の思考（分析、総合、評価）に関わっていること
(d) 学生は活動（例：読む、議論する、書く）に関与していること
(e) 学生が自分自身の態度や価値観を探究することに重きが置かれていること
(f) 認知プロセスの外化を伴うこと

アクティブ・ラーニングというと、話し合い活動やグループ活動をイメージしがちですが、そうした活動を授業にただ取り入れればよいということではありません。大切なことは、学習している生徒の思考が活性化しているかです。

視点を変えれば、**たとえ授業者による講義形式の授業であっても、学習者の精神活動が活発になり、主体的に思考しているのであれば、アクティブ・ラーニングの条件を満たしている**ということができます。この点が念頭にあれば、安易な活動主義に陥らずに

済むでしょう。

とはいえ、生徒が学習活動を通して学んだことは内面的です。口頭であれ文書であれ、言葉として発せられなければ、その思考のよさ、おもしろさ、精度を見取ることはできません。

ここで重要となるのが、「(f)認知プロセスの外化」です。これは、学習場面での学習者の思考過程、学習過程を重視し、「問題解決のために知識を使ったり、人に話したり書いたり発表したりすること」です。

学習者の内面的な認知の変容を学習のプロセスとして見える化し、学習者相互にわかるようにする（外化する）ことで、生徒一人ひとりの思考が教室内で相互に共有されます。そうなってはじめて、個々の思考がよりいっそう活発になったり、一人で考えるだけではけっして思いつかなかったことがひらめいたりするのです。

思考の共有化のためには、何が問題なのかを主体的に見極めたり、対話を通して課題を共有したり、文字で書き表して確認したりするプロセスが必要なのです。

大きな流れを取り入れた授業デザイン

教科等の特質を越えて、大学入試改革や高校教育改革に対応できる、これからの授業の姿を明らかにすることが本書の目的です。

とはいえ、大学入学共通テスト（新センター試験）のモデル問題例に対応した授業、試行調査問題で示されたテクストの読解に対応した授業を、毎日、毎時間行うことは、（高等教育としての特質やカリキュラムの多さから鑑みて）時間的にも方法論的にも現実的ではありません。無理を通そうとすれば画餅に帰すでしょう。

実際、センター試験対応だからと高校1年から対策的な授業に取り組んでも、授業としては成り立ちにくく、生徒の意欲の高まりを期待することはむずかしいでしょう。あえて実を取って新センター試験対策の授業を取り入れる学校も出てくるかもしれませんが、伝統のある進学校であるほどそのような短絡的な取組には走らないと思われます。

むしろ、**新テストで求められる力の全容を把握し、教科等ごとの特質に応じたアプローチを工夫することに注力すべきです。**教科独自のこれまでの学びの延長にあるものとして、今次の教育改革のどの部分が紐づき、あるいは紐づかないかを想定して授業づくりを行うほうが賢明だといえるからです。

そこで、新センター試験で求められる力、そして、その先の大学での学びや実社会・実生活でも通用するような「生きて働く資質・能力」（いわゆる汎用的な能力）を育成するために、《インプット→インテーク→アウトプット》という大きな流れを取り入れた授業デザインを考えます。

資料7　《インプット→インテーク→アウトプット》授業デザイン

インプット

○目的に応じて情報を取り出す学習
目的を理解したうえで、テクストから必要な情報を取り出す学習
○目的に応じた情報の比べ読みをする学習
目的を明確にしたうえで、教科書教材のテクスト（ＰＩＳＡ調査でいう連続型テクスト）だけではなく、関連する他の教材や資料（ＰＩＳＡ調査でいう図表やグラフ、写真などの非連続型テクストを含む）などのテクストを併せて読み、共通点や違いを見つけるなどの情報の読み比べを行う学習
○複数の情報を関連づける学習
複数のテクスト相互、文章（連続型テクスト）と図表やグラフ（非連続型テクスト）など、多様なテクストを関連づけて読む学習
○文脈を把握し、情報を読み取る学習
文章（連続型テクスト）だけではなく、関連する統計資料などの図表やグラフ、写真などの資料（非連続型テクスト）と突き合わせ、文章と資料が関連する箇所を中心にして、文脈を把握しながら情報を読み取る学習

インテーク

○比較した複数の情報の中から、必要のない情報を捨て、最も適切な情報を取り出す学習（情報の取捨選択）
○取り出した情報の妥当性を検討し、情報を根拠とわかるように文脈（コンテクスト）に関連させ、自分の考えとして組み立てられるようにする学習

アウトプット

○情報の受け手（聞き手や読み手）を意識し、情報を的確に、また効果的に伝える、あるいは伝え合う情報シートやポスターなどにまとめる学習

資料8

○テクストから情報を取り出す指導のポイント
- 重視した情報は何かを指摘させる。
- 必要がないと判断した情報は何かを指摘させる。

○情報の分析を行う指導のポイント
- どの「観点」で分析しているかを示させる。

○簡潔に記述する力を高める指導のポイント
- 50字以内で記述させる。短いほうが言葉を吟味せざるを得なくなり、表現がより的確になる。
- 話し合いの後に意見を記述させる。
- 他者の発言を記述させる。
- 学習でわかったことを記述させる。

○記述した文章を生徒自らが評価する力を育てる指導のポイント
- 足りなかった言葉を考えさせる。
- 入れる必要がなかった言葉を指摘させる。

資料7は、各プロセスでの学習内容を示したものです（具体の授業実践の詳細はChapter06以降を参照）。

言語能力の向上は必須課題
―授業に取り入れる3要素

序章で示したように、知識及び技能の習得、思考力、判断力、表現力等の育成を念頭に置き、さまざまな教科で「言語能力」の育成を意識した学習を取り入れるようにします（**資料8**）。これが「主体的・対話的で深い学び」を実現する第一歩となります。

これまで、高校教師は生徒の理解度に焦点を当てて学習状況を把握してきました（見取り）。しかし、21世紀型スキルな

資料9

○活動させればよい、調べさせればよいということではない。
○はじめから「学習活動ありき」ではない。
○言語活動主義に陥らないように努めることが大切である。
○「教師が教えること」と「学習者が考えること」を明確に意識して授業をデザイン（設計）する。
○「良質な問い」と「良質な言語活動」が必要である。
○生徒の疑問から「問い」を導くことからはじめる。
○「問い」は学習者が立てられることが理想である。
○自ら「問い」を立てられるようにするためには、段階的な指導が必要である。
○教師が待つことも大切である。
○学習者の気づき、変容を重視する。
○自己評価、相互評価を取り入れ、気づいたことを言語化する。
○学習後には「〜ことに気づいた」「〜ことがわかった」と振り返る。

どといわれるような〈汎用的な能力〉の育成を目指すこれからの〈新しい学び〉を実現するためには、生徒の理解度を尺度とするだけではむずかしいでしょう。「生徒がなぜその問題点に着目したのか」「それはどういう意味をもっているのか」「なぜ、そうと言えるのか」といった、いわば**学習者である生徒の認知過程を重視した「意味を問う学び」を考えることが重要**です。

そのためには、問いや学習課題の解決までの学習過程が生徒相互で共有されるような授業をデザイン（設計）することが必要であるとともに、「生徒にどのようなことを学んでもらいたいのか」を考えなければなりません。生徒の主体性を引き出す工夫、その最良の方法を考えることが基本戦略となります。いわゆる「学びの技法」もその一つです。「主体的・対話的で深い学び」の実現のためには、単元的な発想に立って授業を運営する必要があります。生徒の思考力を伸ばし、学習内容の定着を図ることを第一義に考えます。

ポイントは**資料9**のとおりです。

単元をデザインするという発想で授業を組み立てる

①本単元で身につける知識及び技能を意識する

学習指導要領の指導事項に当たります。教科書を参考にしながら、単元の〈基礎・基本となる知識〉、さらには〈発展的な知識〉についても確認しておきます。

②思考力、判断力、表現力等を養うための学習の流れ（学習プロセス）をつくる

1単元の中に、《インプット→インテーク→アウトプット》の流れをつくるようにします。

③1単位時間で無理に完結させようとしない

学習内容によっては、インプットやインテークに多くの時間をかけなければならない場合もあります。その場合、50分の授業では終わらず、次の時間に続きを行う場合も出てくるでしょう。これまでの授業のように、必ず毎時間に《導入→展開→まとめ》で締めくくろうとすると無理が生じます。

また、まとめを行う時間が取れないこともあります。あるいは、授業の最後に「まとめ」の話を入れようとしたことで、せっかくの生徒の思考を中断させてしまう場合もあります。そこで、計画を立てるに当たっては、1単元の中でどんなことに最も時間をかけるのか、その点を明確にすることが大切です。ときには、50分の1単位時間中に、《インプット→インテーク→アウトプット》のすべてを盛り込む場合もあるでしょう。

④探究的な学習のスキルは、スモール・ステップで学ばせる

探究的な学習とは、問いや課題を解決する学習と言い換えることができます。**資料10**にまとめた7つの段階を意識して、単元をデザインするといいでしょう。このとき、生徒の能力が次のどの段階にあるのかを見極め、どの段階を重点的に行うのかを考えておく必要があります。そうでないと、いくら時間があっても足りなくなるし、効率化を図るという点でも必要な観点です。

たとえ3、4時間の単元であっても、どの学習プロセスに取り組んでいるのか、意識して取り組むことです。これが卒業研究や課題研究など、1年間をかけて取り組むような研究的な授業の場合であれば、なおさら重要な視点となります。

第1段階【出会う】　学習の動機づけを図る学習

指導目標に基づき、学習者に身につけさせたい資質・能力を設定します。生徒には学

資料10 探究的な学習の段階

第１段階	学習の動機付けを図る学習【出会う】
第２段階	基礎・基本の知識を習得する学習【知る】
第３段階	興味や関心、知識を深める学習【深める】
第４段階	問いや課題を絞り込む学習【つかむ】
第５段階	情報を取捨選択し、活用する学習【生かす】
第６段階	情報を活用し、目的に合わせて加工する学習【選ぶ・まとめる】
第７段階	発信する学習【伝える】

習目標を明確に示すとともに、学習の意義を理解させ、学習の動機づけを図ります。

高校授業では、学習目標を明確に示さないまま、いきなり教科内容に入ることが少なくないようです。しかし、今後学習目標の提示は必須だと考えたほうがよいでしょう。ただし、学習目標の示し方は、小学校のように板書する必要はなく、口頭でかまいません。

第２段階【知る】基礎・基本の知識を習得する学習

単元指導計画のなかで、教科書を中心とした学習を通して、基礎的・基本的な知識の習得に努め、単元の内容に関する理解を図ります。

第３段階【深める】興味や関心、知識を深める学習

教科書だけではなく、資料集等の補助教材やプリント等の資料を活用し、問いや課題に対する理解の深化を図ります。

単元で扱うテーマに関して、生徒に多面的・多角的に考えさせたり発展的に考えたりする資料を用います。また、この段階で話し合いを行ったり資料で読み取ったことを文章にまとめたり発表したりする学習を取り入れることもできます。

第4段階【つかむ】　問いや課題を絞り込む学習

生徒が自らの興味・関心に基づいて問いや課題を設定する段階です。教師があらかじめ問いや課題を示した場合であっても、生徒が自分なりの言葉で問いや課題をとらえ直すことが大切です。受け身の学習にしないためにも言語化が必要です。

第5段階【生かす】　情報を取捨選択し、活用する学習

教科書以外のプリント、補助教材、図書資料、新聞、雑誌、インターネットなど、多様な学習材を活用して、必要な情報を収集したり取捨選択したりし、それらの情報を課題に応じて柔軟に活用します。

情報（メディア）の特性に応じた活用能力を育てることが大切です。そのためにも、安易にインターネットのみに頼るのは避けるように指導します。

第6段階【選ぶ・まとめる】　情報を活用し、目的に合わせて加工する学習

目的に応じて取捨選択した情報を活用し、根拠に基づいて自己の考えをまとめます。発表の方法によって情報の活用・加工（表現）の仕方は異なります。

※資料から引用した場合、出典の示し方についてはていねいに指導し、自分の意見と他者の意見を区別する姿勢や、情報を活用する際の倫理に関する指導を行うことが大切。著作権やコピー＆ペースト

トの問題点については必ず触れる必要がある。情報モラル教育、著作権教育の一環でもある。

第7段階【伝える】　発信する学習

説明の技法を学ぶとともに、効果的な発表となるように、発表の方法に応じた工夫を図ります。説明に当たっては、〈原稿をそのまま読んで説明する〉→〈メモをつくって説明する〉→〈何も見ずに説明する〉と、段階的なスキルアップが必要です。

単元の中心となる「問い」が主体性を引き出す

学習内容にもよりますが、いきなり大きな問いを立てようとしてもむずかしいでしょう。そこで、大きな問いに迫っていくための周縁の問い＝小さな問いを本時のなかで考えていきます。

①導入が大切

単元最初の時間、導入時に教師があらかじめ用意した学習課題を、いきなり「問い」として示したとしても唐突すぎます。問いは、生徒が自らじっくり考えようとする意欲が前提として必要であり、授業のなかでそのための時間をどうつくるかが重要です。

②単元の中心となる問いをつくる

知識・技能の習得、思考力・判断力・表現力の育成に直結していく、単元の本質的な問いの設定です。たとえば、国語の例で考えてみましょう。

『羅生門』（1年・国語総合）では、羅生門の楼上で老婆が死人の髪の毛を抜いて鬘にするといい、行くあてのない下人は憎しみをもちますが、急に気持ちが変わってしまいます。このとき、「どうして下人の気持ちは変わってしまったのか」という問いが設定できます。この問いは『羅生門』を読むうえでの本質的な問いとなります。

③疑問点から「問い」をつくる

生徒の疑問を引き出す学習過程を大切にします。それが、疑問点を共有することにつながり、「その疑問を『問い』として解決しよう」という主体性が生まれます。

④「我がこと」の問いをつくるには、練り上げる時間をもつ

「我がこと」とは、本物の問い、真正な問い、オーセンティックな問いというべきものです。生徒自らがそのように思える「問い」を設定するためには、導入時や単元のはじめの段階で、生徒の思考を深めたり練り上げたりする必要があります。導入での動機づけのよし悪しは、学習全体の深い理解を左右します。

⑤大きな問いに接近するには、小さな「問い」を積み上げていく

いきなり大きな問い、本質的な問いに答えることはできません。まずは、本時の問いを示し、その小さな問いの解決を積み上げる「スモール・ステップ」で大きな問いに迫っていく学習プロセスをつくることが適切でしょう。

学びの技法

1 学びの技法を取り入れる

授業を通じて問いを立てる力や課題解決のスキルを身につけさせることが重要です。そのために必要なこととして、授業に学びの技法を取り入れます。いずれは生徒自身が自ら学びの技法を選択して駆使できるようにすることが理想です。

ここで注意しなければならないのは、学びの技法を取り入れること自体が目的ではないということです。何のために学びの技法を取り入れるのか、何をテーマとするのか、どのような効果をねらうのかをあらかじめ明確にすることが必要です。

①特派員方式

高校における対話形式の活動では、ディスカッションが多くなりますが、はじめはペアからはじめるとよいでしょう。

グループ活動にする場合には、1グループ4人以内にします。5、6人だと対話に参加できない生徒が出てきます。理想は3人編成ですが、奇数であることからグループを構成しにくい面もあります。

ディスカッションといっても、ただ「話し合ってください」と促すだけではうまくいきません。このようなとき、「特派員方式」を取り入れることを検討します。

①まずテーマについて４人でディスカッションする。
②次にグループメンバーの１人を他のグループに派遣し合う。
③派遣先のグループではどのようなディスカッションが行われていたのかを取材する。
④再び元のグループに戻って取材内容を報告する。
⑤取材内容を材料として、自分のグループのディスカッションを深めていく。

ジグソー法に似た技法ですが、ただ話し合うよりも学習活動が活性化します。

②ワールド・カフェ

ワールド・カフェは、様々な文化をもつ人たちが異文化理解を図るために考案されたカフェテリア形式の技法で、答えが一つではない問いや課題について、自分の考えや他者への理解を深めるのに適しています。メンバーを次々に変えてディスカッションしていく点に特徴があります。日本語教育の場で積極的に取り入れられている技法でもあります。

ワールド・カフェは、２時間続きの授業で取り入れます。50分間では、対話した内容の振り返りやまとめの時間を確保することが困難です。

以前、私は、ある大学の教職課程の授業でワールド・カフェを取り入れ、「高校生に読書習慣を身につけさせるにはどうしたらよいか」をテーマに据えてディスカッションさせたことがありますが、学生からは「友人のいろいろな意見を聞くことができて、自分の視野が広がった」という感想が多く寄せられました。

とりあげる問いや課題にもよりますが、ワールド・カフェを高校の授業で取り入れ、生徒に体験させる価値は十分にあります。

ワールド・カフェを行う際の要領は次のとおりです（資料11も参照）。

①まずグループに常に残り続ける生徒（書記）を決める。
②特定のテーマについて4人でディスカッションをスタートする。
③書記の生徒（同じグループに残り続ける）は、ディスカッションの内容を用紙（A3判程度）にメモする。
④1セッションの時間の目安はおよそ10分、セッション数は3回程度とする。
⑤2セッション目は残る1人を除いて、他の3人がグループを移動する。
⑥最終セッションでは、元のメンバーのグループに戻る。
⑦残り続けた生徒はメモを元に、これまでどのようなディスカッションがなされたのかを説明する。

資料11 ワールド・カフェ方式のイメージ

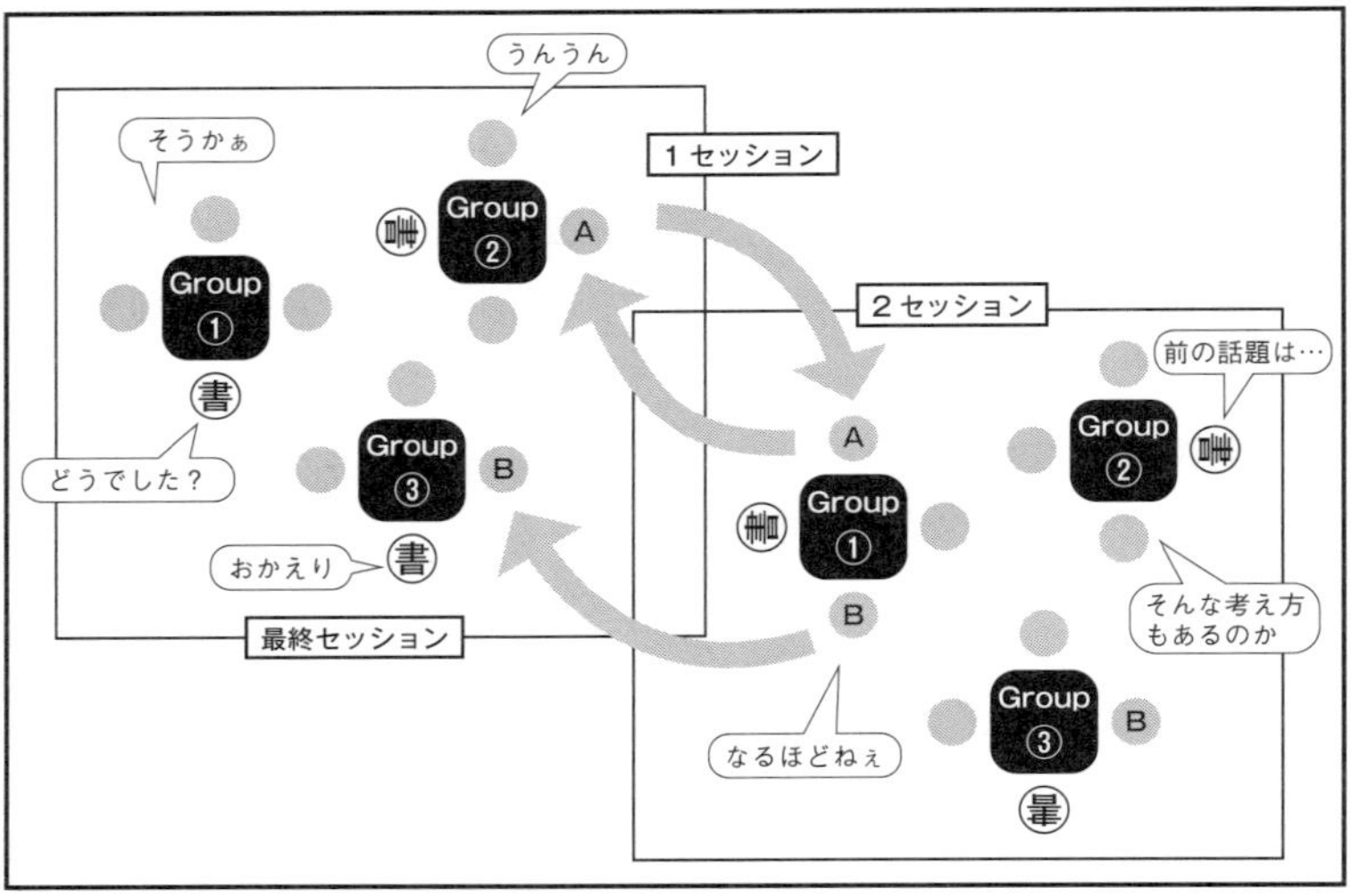

⑧まとめのディスカッションを行い、各グループごとに発表する。

③その他の学びの技法

紙幅の関係上、一つ一つ取り上げることが叶いませんが、いずれもインターネットで検索すれば詳細がわかると思います。ぜひご覧ください（資料12）。

2 ディスカッションの進め方を学ぶ

ディスカッションに慣れていない生徒が多い場合には、まず話し合いの方法（話型）を学ばせる必要があります。話型そのものは、小学校で学んでいるはずですが、きちんと身についていなかったり、忘れてしまっていることも少なくありません。

型は大切です。後々離れたり改変したり

資料12 学びの技法アラカルト

〈ディスカッションの技法〉

○シンク・ペア・シェア
○ソクラテス式問答法
○バズ学習
○ディベート
○ＥＤトーク
○列討論
○ライティング・ディスカッション
○トランプ式討論
○スイッチ・ディスカッション
○ブレイン・ストーミング
○親和図
○パネル・ディスカッション

〈書く技法〉

○ミニッツペーパー
○大福帳
○質問書方式
○ダイアローグジャーナル
○リフレクティブ・ジャーナル（内省日誌交換法）
○キーワード
○レポート
○ＢＲＤ（当日レポート方式）
○ラウンドテーブル
○ピア・エディティング
○コラボレイティブ・ライティング
○クリエティブ・セッション

〈相互に学ぶ技法〉

○ジグソー法
○ペア・リーディング
○ラーニングセル
○学生授業
○タップス
○書評プレゼンテーション（いわゆる「ビブリオバトル」など）

できる柔軟な型は、マンネリ化や画一化につながることなく、ディスカッションが横道に逸れても、また戻ってこられるという特性があります。

生徒たちが節度を保ち、横道に逸れずに話し合いを進める態度や方法を学び、いずれは話型を離れて自由に話せるように仕組むことが大切です。

話型を学ぶに当たって、たとえば、「話し合いの手引き」（資料13）を配付し、それに沿ってトレーニングを積むのもよいでしょう。

3　学習内容の定着の仕方を学ぶ

①発表させる際に、アナログとデジタル双方のツールを組み合わせて活用する

生徒個人が考えたことやグループで話し合ったことを発表する際、ビジュアルを用いたほうが伝わる効果が高まります。

とはいえ、毎時間プレゼンソフトでスライドをつくっていたら、いくら時間があっても足りません。クラウド・システムなどネットワークを活用したプレゼンの仕組みなどがあれば、効果的・効率的に情報を共有できるのでしょうが、多くの高校にとって、その実現はまだ先です。

そこで、ここでは、紙1枚、教師用タブレット1台、モニター（テレビ、電子黒板、プロジェクターによる投影）を活用した方法を紹介します（資料14）。

資料13 話し合いの手引き（例）

【テーマ】○○○○○○○○○○○○
Ⅰ 司会者
【はじめ方・進め方】
①これから「○○○○」についての話し合いをはじめます。はじめにみなさんが考える「○○○○」について説明してもらいます。その次に問題点について話し合いましょう。ます。はじめに…さんからお願いします。
②ありがとうございました。何か質問はありますか。
③質問がないようなので、次…さん、お願いします。
【意見や質問が出ないとき】
○意見（質問）がないようなので、司会の私から意見を言います（質問します）。
【話し合いのまとめと確認】
○それでは、みなさんの意見をまとめます。…・というふうにまとめますが、何かつけ加えることはないでしょうか。
○それでは、今まとめた内容で発表することにします。

Ⅱ 司会者以外の人の説明のしかた
【意見を述べるとき】
○私は～について、…と考えます。なぜかというと、…だからです。
○私は～について、…と思います。たとえば…という面があるからです。
○私は～について、…についてもっと考えたほうがいいと思います。
○私は～という理由から、…したほうがいいと考えます。
【他者の意見に同意するとき】
○私も～さんの意見に賛成です。なぜかというと、…だからです。
【他者の意見に反論するとき】
○私は～さんの意見に同意しかねます（反対します）。なぜかというと…だからです。
【他者の意見に補足するとき】
○～さんの意見に補足します。（この後、説明する）
【質問するとき】
○～さんに質問します。…という問題点もあると思いますが、～さんはどう考えますか。
○～さんに…について質問します。（この後、質問の内容を続ける）
○～さんに質問します。…について、もう少し詳しく教えてください。

資料14　紙、タブレット、モニター（書画カメラ）を活用したプレゼン

①A３用紙を４つ折りにする（広げると表４面、裏４面になる）。
②１面をスライド１枚に見立てて、１枚ごとにプレゼンする内容を手書きする。
③第１面には、タイトル、グループ全員の氏名を大きく書く。
④何枚にまとめるかを生徒に指示する。
⑤１面ずつ片隅に番号を入れる。
⑥書画カメラを用いてその場で生徒がプレゼンテーションを行う場合は、書画カメラで１面ずつ順番にモニターに映しながらプレゼンテーションを行う。
⑦次の授業に生徒がプレゼンテーションを行う場合は、でき上がった紙を回収し、教師が順番に従ってタブレットで撮影しておく。次の授業で、生徒は写真を１枚ずつスライドしながらプレゼンテーションを行う。

②書くことで定着する

話をしたり聞いたりしていると、ついわかったような気になりますが、音声言語だけでは、話したり聞いたりするそばからたちまち消えていきます。やはり文字言語化しないと理解には至らず確かな知識は定着しません。

文章化することが苦手な生徒が多い場合は、複数のキーワードにより箇条書きで表現したり、簡単な図にしたりすることで、文章化するために頭のなかを整理させます。このように、文章化までの過程を工夫することが大切です。

授業を通して一人で学ぶスキルを指導する

1 よいワークシートとよくないワークシート（ワークシートに依存しない授業が大切）
――ロードマップ型から思考プロセス型へ

生徒の思考を深めたり広げたりする場面では、ワークシートを用いる学習が多く見られます。この場合、そのワークシートが、「生徒が自分の知識を活用できる」「問いを追究できる」ものとなっているかの吟味が必要です。

教師のプランどおりに授業を進めるためのロードマップ型のワークシートでは、知識の活用、問いの追究のためにはあまり役に立ちません。学習の目的や用途に合ったワークシートの選択が重要です。

たとえば、知識を整理させたい場合であれば、空欄補充のワークシートは有効な場合があります。板書の時間を節約することにもなります。このタイプのワークシートは、試験勉強がやりやすいと生徒から好評であることが多いようです。

確かに、生徒にとって試験はとても大切でしょう。しかし、「主体的・対話的で深い学び」につながるワークシートの選択ということであれば、視点を変えてみる必要があります。この場合に必要となるワークシートは、思考のプロセスを描いたり、自分の考え

資料15　ノートの活用法

①自分の定型を決める
・日付、タイトル、キーワードを記入する。
・図を入れる。
②授業での学習内容を書く
・生徒には、板書だけではなく、教師の説明で大切なことを書くように習慣づける。
③思考を「見える化」する
・個人で考えたり、ペアやグループで話し合ったりしたことをメモする、あるいは記録する。
・思考を整理し、集約していく場面でノートを用いる。
※この学習プロセスの場合、１枚の紙に書くやり方でもよい【学習の展開時】。
④授業の振り返り
・授業時の学習の区切りとなるとき、家庭学習の際に、言語化する【学習のまとめの時】。

を記述したりできるものです。生徒の思考力・判断力・表現力の育成が主たる目的となります。

授業は、ときに教師の思惑を離れ、生徒の主体性によって思わぬところに展開していくときに、生徒の思考が深まったり広がったりすることがあります。これこそ授業のよきダイナミズムです。それを促進できるようなワークシートであってほしいと思います。

2　ノートの活用方法を指導する

どのクラスでも、見た目の綺麗さを重視したノートをとる生徒は少なからずいます。しかし、（言うまでもなく）ノートは人に見せるためのものではなく、自分の学んだことを確認するためのものです。自分で見てわかればよいのですから。

ほかにも、ノートの取り方がよくわかっていない生徒もいます。高校でノート指導を行うことはまずありませんが、そうした生徒が散見されるならば、**資料15**を参考に、ちょっとしたアドバイスをします。

また、学び方を学ぶ時間をつくり、効果的なノートの取り方について、生徒同士でディスカッションするのもいいでしょう。

Chapter04

教科マネジメントで生徒の学力を高める

―協働的な授業実践のために―

生徒は入試のことだけを考えながら高校生活を送っているわけではありませんが、これまで学校側としては、生徒の学年が上がるにつれて入試対応を先行させる授業にせざるを得ませんでした。しかし、そうであり続ける限り、せっかくの高校での学びが、大学や実社会につながる学びに届かないままです。

これまで高校で行われてきた授業改善は、自己研鑽という言葉にも代表されるように、個人商店型が多かったように思います。しかし、これからはショッピング・モール型が求められるようになります。すなわち、（高等学校教育としての専門性や高校の独自性という言葉はいったん横に置いて）教科における授業改善を組織的に行うということです。

センター試験の出題内容や方式が抜本的に変わるのは、授業改善の好機とも言えます。高校卒業後を生きる生徒たちの学びを見据えた取組をはじめましょう。

同僚性を高める工夫

高校授業のよさは、教師の専門性と自律性にあります。反面、この専門性と自律性は、ともすると独りよがりの指導の隠れ蓑になる危険性も孕みます。そうした危険を回避するには、自分一人の力ではむずかしく、同僚性が望まれます。授業改善に向けて組織化された同僚性は、専門性と自律性のバランスを図るのに寄与します。

「何をもってよい授業とするのか」「自分はそんな授業ができているか」「その結果、生徒たちにどのような学びを提供できているか」と自問自答することは大切なことです。しかし、これもまた自分一人では答えを見いだすことがむずかしく、やはり同僚性が鍵となります。

このような同僚性が生まれるには、教科マネジメントを組織的に行う環境整備（教科会など）が欠かせません。教師一人一人が同僚教師たちとの「学び合い」を通じて培われた姿勢や経験のもつ価値は計り知れません。

他方、もしお互いに批判し合うばかりの教科会であったら、かえって同僚性のよさを打ち消してしまいます。誰が教科主任を務めるかも重要な要素ですし、もち回りであっては責任の所在が曖昧になります。教科主任の任命にも工夫が必要でしょう。横並び意識をなくし、適材適所で組織をマネジメントしていくには、校長が責任をもって校務分掌を決める必要があります。

そこで以下、不必要な無駄をなくし、特には必要な無駄を大切にしながら、効果的・効率的に授業の質を高める５つの方策を紹介します。

1　高校こそカリキュラム・マネジメントが効果を発揮する

これまで「言語活動の充実」に当たっては、学習者の主体性（自発性、能動性）を引き出すことを大切にしてきました。この方向性は、新学習指導要領においても踏襲されています。具体的には、言語活動の充実を通じて思考力・判断力・表現力の育成を図るため、各教科・科目の指導事項の履修を求めていることです。

この考え方は、「主体的・対話的で深い学びの実現」につながるものです。しかし、（どの教科であっても）全単元、全時間の授業でそのつど実現を目指すのは、時間的にも労力的にも現実的ではありません。

どの単元のどの時間で「主体的な学び」を盛り込むのか？「対話的な学び」はどうするか？「深い学び」は？といったように、**生徒の深い理解につながる活動場面を具体的に想定し、バランスよく取り入れる年間指導計画の策定が重要**で、これこそまさに教師が行うべきカリキュラム・マネジメントです。

また、高校では各教科の独自性や専門性が強いため、（小・中学校とは異なり）複数の教科で同じような内容を同じような課題設定で行うことがしばしばあります。

たとえば、国語科には環境問題を扱う評論がありますが、理科、社会科、家庭科においても環境問題を扱う場合があります。教科ごとの目標や指導事項が違い、アプローチの観点も異なることから、一見同じような内容に見えても、教科の特質に応じて掘り下げ方が異なるという特徴があります。

ただ、生徒の感覚からすれば、複数の教科であるものの、似たような内容を何度も学

資料１

○まとまった時間数が必要
○深くなる＝範囲が狭くなる

教科内容
○基礎・基本となる知識の習得を中心にする単元
○主体的・対話的な学習を中心する単元

▼

カリキュラム・マネジメントが大切
○全ての教科で常にＡＬをやっていたら学習者の負担が大きい
○年間指導計画による教科間での情報共有
○学習が成立しているかという振り返り（教師の省察）が大切

ばされているという受け止めになりがちです。

　このため、（教科担任制である高校ではたいへんむずかしいことではありますが）各教科等を横断するような年間指導計画の策定や教科間の実施時期などの調整が必要です。これもまた、教師に求められるカリキュラム・マネジメントです。加えて、専門教科の異なる教師間でのディスカッションが特に重要となります。

　管理職や教務主任の役割が大きいのも確かですが、**授業者こそ、他の教科でどのような内容に取り組んでいるのか目配りをし、時期をずらしたり、課題を工夫したりするという重要な役割を担っている**といえるでしょう（資料１）。

2　年間指導計画をもう少し詳しいものにバージョンアップする

①生徒が授業をイメージしやすいものに改善し、学習に生きる年間指導計画にする

学校のホームページで年間指導計画を公開する学校が増えてきましたが、形式的なものが多いようです。形式は大事なことですが、いったん前例踏襲になってしまうと、途端に年度末に計画を見直すという作業が大きな負担となります。

そもそも年間指導計画は、実が取れるもの、使えるものである必要があり、見直し甲斐のある計画にしたいものです。そこで、**資料2**から**資料3**へ記述の仕方と形式を工夫するのも一案でしょう。

単元は、教科によってとらえ方が異なります。たとえば、国語科のように小説や評論といった文章のジャンルで単元をとらえる教科もあれば、数学科のように「数と式」「2次関数」などと学習内容そのものが単元になる教科もあります。

新学習指導要領においては、どの教科等においても科目構成が抜本的に変更になりますから、国語科においても、単元をとらえ直す必要があります。

たとえば、新科目「現代の国語」のように、「読むこと」より「話すこと・聞くこと」「書くこと」の時間を多く設定することへと変わる場合は、「話すこと・聞くこと」「書くこと」「読むこと」といった言語経験の領域そのものを単元としてとらえることも必要になってくるでしょう。

資料2　これまでの年間指導計画（例：国語総合）

学期	月	学　習　内　容
1	4	・オリエンテーション ・「水の東西」（山崎正和）

資料3　これからの年間指導計画例

学期	月	単元/教材・学習材	学習内容	期待される学びの姿（達成してほしいこと）
1	4	日本人の感性/『水の東西』	・日本人の感性について理解を深める。 ・学校図書館の資料を活用し、東洋と西洋の文化比較の文章を書く。	文章を参考にして、自己の考えを広げたり深めたりできる。

資料2では、「指導事項」ではなく、学習者の視点に立った「学習内容」としています。そのため、「期待される学びの姿（達成してほしいこと）」を設定しています。この項目を入れることにより、授業における生徒の学びに向かう姿勢や達成内容をイメージしやすくなります。また、生徒にとっては「何が期待されているのか」を具体的に把握することができます。

年間指導計画（シラバス）を単なる形式的な計画から脱却し、生徒の学びを促すための計画に変える一つの考え方としてお勧めします。

年間指導計画には評価規準も示しますが、よく見られる表現は次のとおりです。

> 定期考査、課題に対する取組状況、提出物、小テスト、学習態度などをもとに総合的に判断し、評価する。

資料４　評価の割合（例）

○学習課題への取組（協力して解決するなどの協調性や主体性）や達成度（20%）
○学習課題の解決により作成されたワークシート、図表、ポスター、レポートなどの学習成果物（20%）
○自己評価や相互評価への取組（10%）
○定期テスト（50%）

一見すると何の問題もないように見えるかもしれませんが、「総合的に判断し、評価する」では、「何をもって総合的とするのか」について具体の設定がなされていなければ、絶対評価の規準とはなり得ません。結果、定期テストの得点順に並べて、５、４、３、２、１と評定する以外になくなるからです。

テスト中心の評価（評定）にとらわれている限り、授業は何も変わりません。いくら授業に真剣に取り組んでいても、教師側の評価方法が変わらなければ、「結局はテストの点で決めるんでしょ？」と生徒の意欲は消失してしまうでしょう。生徒に対してごまかしは効きません。

評価は、生徒の学習意欲を高め、学びの成長に役立たせるものです。そこで、簡潔なものでもかまわないので、科目全体を貫く評価規準を示すことが大切です。特に「総合的に」という言葉の中身を具体化します。

大学のシラバスのように、評価の割合を数字で示すことにより、テスト中心主義を変えるきっかけもつくることができます（資料４）。この試みは、生徒の安心感や信頼度の向上を期待することができます。

また、この評価の割合を教職員間で共有すれば、組織的な情報共有力を向上できるとともに、各教科等を通じた評価の妥当性や信頼性の担保にもつながります。

定期試験をマイナー・チェンジ

―知識の記憶再生型の問題から、思考力・判断力・表現力を問う問題に切り換える

高校の定期テストは、これまで記憶再生型の問題が多くを占めていました。「テストが終わると、覚えたことを忘れてしまう」という声は、今も昔も聞かれるものです。「試験とは所詮そんなもの」と割り切れば気にもならないのかもしれません。

しかし、すぐに忘れてしまうのであれば、テストで問われたことが生きた知識になることはありません。だからこそ、定期テストの改善が必要なのです。学習活動中心、生徒主体の授業の実現と、定期テストの記憶再生型からの脱却はセットです。

そこで、どのように定期テストを変えればよいか、その考え方を紹介します。

①評価（評定）全体に占める定期テストの割合を低くし、（テスト以外の）平素の授業で行う小テストやワークシートなどの学習成果物の評価の割合を高くする。

②知識再生型の記憶力を試す問題だけでなく、思考力・判断力を問う問題を取り入れる。

学習成果物を毎日回収し評価していては、いくら時間があっても足りず、負担が増えるだけです。学習成果物は、授業中に生徒が相互評価する時間を設け、その間に点検してしまいましょう。もちろん、重要なものは回収することも必要ですが、できるだけ絞るようにします。この試みは、働き方改革にもつながります。

国公立大学の2次試験では良問の記述問題があります。そのため、進学校では、すでにそうした記述式の過去問題を取り入れていると聞きます。とはいえ、「②思考力・判断力を問う問題」といっても、すべて記述式にしなければならないというわけではありません。

「思考力・判断力を問う問題」を考える際には、新センター試験の試行調査問題が参考になります。問題の形式（問い方と問いの表現の仕方）や選択肢を工夫することで、選択式でも十分可能だからです。記述式は1問程度盛り込むのが望ましいと思います。

高校では受けもつクラス数が多いので、長文で記述式問題を何題も出題すると、採点に時間がかかりすぎてしまい、長続きしません。それに、（PISA調査で明らかですが）日本の生徒たちは、そもそも記述式問題が苦手です。そういう訓練を受けていないからです。そのため、教師と生徒の双方が許容できる範囲内で盛り込むのが賢明です。

また、教師が自ら記述式問題と模範解答をつくることは、自分の授業の見直しと試験の作問力向上に寄与するでしょう。

高校では、教科によって同一科目を2人で担当している場合も多いので、採点の公平性を担保するためにも選択式の共通問題は必要です。しかし、全体の40点分程度は教科担当者の独自問題を入れる工夫が大切だと思います。その際、担当者同士でディスカッションしながら、試行錯誤できれば（学び合えれば）教科の同僚性を高めることにもつながるでしょう。

教科会をマイナー・チェンジ

1　要諦は授業改善の仕組みづくりを中心軸に据えること

多くの高校では、学習指導要領が改訂されると、教科主任が集まり、教頭・副校長、教務主任の調整の下で、新しい教育課程を編成するための協議がはじまります。

協議といえば聞こえはいいのですが、実態は教科の「単位数の奪い合い」となるケースが多いようです。「教科の総単位数は、教員の人数」というデリケートな問題を内に秘めているので、学校によってその熾烈さは相当なものだと聞きます。

「教科エゴ」に左右される教育課程の協議であっては「百害あって一利なし」ですが、

資料5　教科会の実務を設定する際の参考（例）

◯学習指導要領の改訂を踏まえた授業改善をエイム（目標）として教科会を位置付ける。
◯授業改善に必要な共通した研究課題を設定する。
◯授業力の向上を推進するための仕組みをつくる。
・同僚と学び合うための教科ごとの授業参観の実施
・他教科から学ぶための授業参観の実施
・校内研修会の企画・立案と運営
◯日々の授業実践を通して、新しい教育課程編成のために必要な情報を収集する。

これを回避できるのは、ひとえに日ごろからの教科会のよりよき積み重ねにほかなりません。逆に言えば、新カリキュラムのためだけに集まる協議をしてしまうから、「教科エゴ」に走ってしまうのだともいえます。

このような観点からも、**教育課程の問題を教科の論理としてではなく、学校全体の教育力の論理で語り合える教科会の同僚性が重要**だとわかります。

教科会の実務を設定する際の参考例を資料5に示します。

2　教科会を情報共有の場に変える――実務型教科会から、課題共有型教科会へ

定期的に教科会を実施している学校はけっして多くはないと思います。次年度の科目、持ち時間数、新カリキュラムの検討委員会など協議が不可欠な事柄はあります。しかし、そうした協議事項がなければ常設しても、開店休業となってしまうからでしょう。

資料６　教科会の継続的な議題（例）

◯2018年改訂の学習指導要領で示された探究的な学習に焦点を当てた、生徒の探究心を育てるための工夫
◯実社会・実生活で生きて働く資質・能力を育成するための工夫
◯学習活動を通して、基礎・基本の知識を習得させるための工夫
◯多様な評価方法の導入

これは、実務重視のための教科会の典型例です。つまり、何のための教科会なのか、その設置目的に理由があります。

結論からいえば、課題共有型に切り換えることです。そもそも、教科会を開くこと自体が目的ではありません。したがって、学校全体で教科の垣根を越えて解決を図る必要がある継続的な課題を設定することが大切なのです（資料６）。

また、教科ごとの合同協議とすることも考えられます。たとえば、「地歴科と公民科は社会科として」「物理科、化学科、生物科、地学科は理科として」「音楽、美術、工芸、書道は芸術科として」合同開催とするという方法です。

どのような方法を採るにせよ、できることであれば、管理職からのトップダウンとしてではなく、①教務からの提案、②プロジェクトチームからの提案（プロジェクトチームを設置するのが前提ですが…）、③（高校ではあまり見られませんが）研究部、研修部といった校務分掌を新たに設置して提案するといった、ボトムアップからのアプローチとすることが秘訣です。

「やらされ感」ではなく、「やりがい感」をもった仕組みづくりが、

教師集団の主体性を引き出すことに貢献するからです。

若手教師の指導力を養成するメンター制度

高校においても、若手教員が増えています。その指導力の育成は、どこの学校においても取り組むべき課題です。プロジェクト型の課題解決方法もありますが、この方式はプロジェクトの終了と同時に終わります。短期に成し遂げるのには有効ですが、継続性を欠きます。

そこで、（教員の年齢構成にもよりますが）10年～15年目の教員から メンターを選び、複数の若手教員の指導に当たるように位置づけます（**資料7**）。

メンタリングを受ける教員は複数にします。そうでないと、メンターとの間で煮詰まってしまうことがよくあるからです。教科を越えて若手教員が複数でチームを組むことが肝要です。メンターとの関係が緩やかになり、メンターにとっても気が楽になります。

ここで重要なことは、「メンタリングを受ける若手教員は、

資料7

メンターの教員（1名） ↓↑ 〈メンタリングを受ける若手の教員〉 ○チームは３～５名とする。 ○複数の教科を入れる。 ○同一教科で重ならないようにする。

メンター教員の専門教科とは異なる教科を専門とする者を配置することです。通常であれば、「指導力の向上を考えるならば、専門が同じ教科がいいはずだ」と思うかもしれませんが、これが秘訣です。

専門教科が同じだと、要求する（される）ハードルが高くなりすぎたり、お互いヘンに気を遣い合ってしまうことがあるのです。逆に、異なる教科の配置にすることで、お互いの垣根を低くし、相談に乗ったり、相手の考えを受け入れやすくなります。「お互い専門は違うから…」という意識が、いい意味でクッションになるからでしょう。また、組織的な観点から見ても、教科を越えた横断的な取組、教師間の協働性、つまり同僚性を構築しやすくなります。

「教科の指導力を高める」という点だけに着目すれば、一見すると遠回りにも見えますが、メンター制度を導入し、人材育成をチーム化することは、フラットな関係を構築し、期待以上の人材育成につなげていくことができるのです。

＊

以上の工夫は、教科マネジメント力を高めるだけでなく、結果として、教育活動の柔軟性、多様性を生み、教師の同僚性を高めます。

硬直化した組織では、授業改善に臨めません。前例にとらわれず、新たなチャレンジにつなげるには、教師一人一人の問題意識を掘り起こし、「見える化」し、横断的な取組を積極的に取り入れることです。

最初は、気心の知れた数人でスタートし、課題だけでなく、成果についても周囲に「見える化」することで、少しずつその試みを広げていくことができるはずです。やがては、授業改善への当事者意識が生まれ、チーム学校という意識につながっていくでしょう。

Chapter05

「主体的・対話的で深い学び」と学びを成長させる評価

探究するというのは、創発的なものです。創発とはイノベーティブに物事を創造するという意味において、企業の企画・開発部門などで大切にされている概念で、「部分の性質の単純な総和にとどまらない性質が、全体として現れること」（デジタル大辞泉による）という意味です。

授業は、生き物です。創発的な探究を実現できれば、教師の思惑（授業デザイン）を外れて迂回路を通り、教師の思いもしなかった「問い」や、新たな「考え」を生徒たちが生み出すことさえあります。

他方、もし授業が、1足す1の解を導くだけのものであるならば、創発的な探究にはなり得ないですし、そもそも「主体的・対話的で深い学び」を意識する必要はないでしょう。なぜなら、創発的な探究には、その前提として（教師主体ではなく）生徒主体の授業づくりが欠かせないからです。

このような生徒主体の学習に必要なのが、生徒が自らの学びの状況を認知できるようにすることです。その有効な方法として、自己評価や相互評価が提唱されています。これらの評価は、メタ認知を養うのに有効で、自己の学びを客観的にとらえ直す（自分の学びを「見える化」する）方法だと言われているからです。

「主体的・対話的で深い学び」の位置を見直す

「本校の生徒は、教科の知識が足りないので、基礎・基本の知識の習得が第一です。とても『主体的・対話的で深い学び』どころではありません」そんな意見を聞くことがあります。

この言葉の背後（意図）には、「基礎・基本となる知識の習得→活用→探究活動」と教科の学びを直線的にとらえる考え方があると思われます。確かに、基礎・基本の習得は大切です。知識・技能は、活用（思考・判断・表現）の足がかりとなるものだからです。

しかし、このことを直線的に考えるべきではありません。**生徒の学びにとって有用な活用は、スパイラル構造をもつ**からです。「なぜだろう？」「どうしてかな？」という生徒の問いを出発点にした課題解決は、「探究活動→基礎・基本となる知識の習得→活用」、「探究活動↔基礎・基本となる知識の習得↔活用」といったように、行きつ戻りつしながら高まっていく双方向の学びを本質とするものなのです。

「状況に埋め込まれた学習」という発想に立った授業づくり

ジーン・レイヴとエティエンヌ・ウェンガーは、「これまで、学習が本来もつ社会的な特性を無視してきた」と指摘し、学習とは「実践の共同体への参加の過程」であると論じました。そして、学習のカリキュラムとは、「新しい実践の即興的展開のための状況に埋め込まれた機会（したがって、しばしば「目標」とみなされる様々な手本が含まれる）」からなっており、「学習のカリキュラムは、学習者の視点から見た日常実践における学習の資源が置かれている場」であると指摘しました。

そのうえで、教育のカリキュラムについて次のように論じています。[①]

—新参者を教育するために構成されている。教育のカリキュラムが学習の構造化のための資源を提供する—したがって制限を加える—とき、学習されるべきこと（さらには、その周辺的なやり方にしろ、その後のおそらくさらに断片的なものになるだろうが一層複雑な、強化された形態にしろ、学習内容へのアクセスの統制）の意味は、教え手の参加を通して、知るとはどういうことかについての外側からの視点で、媒介されるのである。

—他者のパフォーマンスを複製して学習するとか、あるいは教授（instruction）で伝達される知識を獲得するとかで学習するというよりも、学習は取り巻く共同体の学習

〈注①〉ジーン・レイヴ、エティエンヌ・ウェンガー著／佐伯胖訳『状況に埋め込まれた学習—正統的周辺参加』産業図書、1993年、79頁

カリキュラムでの内心的（centripetal）参加を通して生じるということである。

この学習論の背景には、学校での学習に対する「学校文化の再生産としてとらえる批判的な見方」があり、裏を返せば、学びの場で起きる現象の意味を大切にした見方でもあります。

この観点に立つならば、「基礎・基本となる知識の習得→活用」という直線的な学習プロセスは明確に否定されます。教室という学びの場で現実に起こっていることそのものが状況であり、そのなかにこそ学習となる素材が埋め込まれていることを示唆してくれます。

学習者の学びを成長させる評価

問いや課題を解決したり探究したりする学習では、最終的に完成された成果物を評価対象としがちです。（自己評価や相互評価を行うにしても）そのほうが評価しやすいからです。しかし、単元の最後に成果物を評価するだけで、学習者の学びは成長していけるのでしょうか。むしろ学習プロセスのなかに自己評価活動や相互評価活動を組み込むことのほうが、生徒にとっては、自己の学びの状況に対する認識を深めることができます。

そこで、学習をスモール・ステップの場面に分けて、そのつど振り返りを行う方法を紹介します。この方法であれば、生徒が学習の場面ごとに立ち止まり、「この学習の進め方で本当によいのか」自分なりに修正を加えることができるようになります（グループ学習であれば、ディスカッションによる振り返りが可能）。

[事前評価]　学習計画の評価

○学習計画について、進め方に問題はないかを評価する。

○評価の結果、修正点があれば、計画を修正し、学習の見通しをより明確にする。

[事中評価]　学習の進捗状況の評価

○課題に対する答えを探り、どの程度までわかったかを評価する。

○評価の結果、わからない点があれば、継続して学習課題に取り組む。

[事後評価]　学習結果の評価

○学習の成果物だけではなく、学習過程を振り返る。

○学習過程のなかでよくできたことや改善が必要なことについて評価する。

○次の学習への生かし方を明確にする。

評価規準や評価基準を作成する、自己評価や相互評価の観点を設定する際、同じ学年間、教科担当者間でディスカッションしながら、多様な意見を出し合うことを通して練り上げていくことが望ましいと言えます。

多忙な日々の合間を縫って話し合う時間を取るのはむずかしいかもしれませんが、生徒の学びを成長させていく評価方法の見直しを、同僚間で行うことの効果は計り知れません。独りよがりな評価を回避し、教師同士の協働的なかかわり合いを実現することができます。

生徒に学習過程を振り返らせるに当たっては、あらかじめ教師が設定した自己評価や相互評価のための観点を示したうえで、生徒の言葉で文章化させます。生徒の振り返りはポートフォリオとなり、教師にとっても次の学習をデザイン（設計）する際の参考にすることができます。

指導と評価の一体化とは、指導の結果を評価するにとどまるものではありません。評価結果を指導に生かすという双方向性があってはじめて一体化します。そのためには、生徒自身による学習の振り返り（学習の実態）が欠かせないのです。

パフォーマンス評価の例

具体的な学習活動を通して、生徒が指導事項を達成するには、課題や問いの設定が必要です。課題や問いは教師がつくる場合もあれば、学習者である生徒がつくる場合もあります。その際の評価方法をどうすればよいか。生徒主体の授業を目指すのであれば、従来型の単元の評価規準だけではむずかしい面があります。とはいえ、あまり複雑に考えすぎると、何のための評価なのかがわからなくなることもあります。

そこで、紹介したいのがパフォーマンス評価です。この評価方法は、「児童や生徒らが実際に特定の活動を行い、それを評価者が観察し、学力・能力等がどう表現されているかを評価すること」をいい、東京学芸大学の研究によれば次の手法が挙げられています。②

【完成作品の評価】 エッセイ、論文、レポート、絵・図表、モデル、デザイン、ＶＴＲ／録音テープ

【活動の断片的な評価】 発問への応答、活動観察

【実技の評価】 朗読、ダンス、演奏、運動実技、コンピュータ操作、実験、実習、チームワーク

資料

筆記による評価（筆記試験、ワークシートなど）		パフォーマンスによる評価（performance-based assessment）		
選択回答式（「客観テスト」）	自由記述式	完成作品の評価	実演の評価（実技試験）	プロセスに焦点をあてる評価
□多選択肢問題 □正誤問題 □順序問題 □組み合わせ問題 □穴埋め問題 ・単語 ・句	□短答問題 ・文章 ・段落 ・図表など **作問の工夫** □知識を与えて推論させる方法 □作問法 □認知的葛藤法 □予測–観察–説明（POE）法 □概念マップ法 □ベン図法 □KJ 法 □運勢ライン法 □描画法	□エッセイ、小論文 □研究レポート、研究論文 □物語、脚本、詩 □絵、図表 □芸術作品 □実験レポート □数学原理のモデル □ソフトウエアのデザイン □ビデオ、録音テープ （■ポートフォリオ）	□朗読 □口頭発表 □ディベート □演技 □ダンス、動作 □素材の使い方 □音楽演奏 □実験器具の操作 □運動スキルの実演 □コンピュータの操作 □実習授業 □チームワーク	□活動の観察 □発問 □討論 □検討会 □面接 □口頭試問 □ノート・日誌・日記 Cf. カルテ、座席表
		□プロジェクト（■ポートフォリオ）		
■ポートフォリオ評価法				

松下佳代氏は、「学力をパフォーマンスのかたちにして見えるようにすることを『可視化』、パフォーマンスからその背後にある学力を推論することを『解釈』」と呼び、パフォーマンス評価とは、「パフォーマンス課題によって学力をパフォーマンスへと可視化し、『ルーブリック』などを使うことによってパフォーマンスから学力を解釈する評価法」としています。③

また、田中耕治氏は、評価方法の全体像について**資料**のように整理しています。④

〈注②〉東京学芸大学、平成20年度文部科学省専門職大学院等における高度専門職業人養成教育推進プログラム「実践的指導力育成を保証する評価指標の開発」7 https://www.u-gakugei.ac.jp/~kyo-gp/rubric1.html〔2016年12月7日参照〕

〈注③〉松下佳代著『パフォーマンス評価―子どもの思考と表現を評価する』日本標準、2007年、10頁

〈注④〉田中耕治著『教育評価』岩波書店、2008年、146頁

ルーブリック評価の活用は時と場合を考慮する

生徒主体の授業では、（単元や課題の大小を問わず）一人一人の学びの状況が必然的に異なってきます。グループ学習であっても、問いや課題の解決に対してまっすぐかつスムーズに向かっていける生徒もいれば、回り道を経ながら解決に至る生徒もいます。また、課題解決の過程で、新たな問いが生じる場合もあります。

このとき、評価の対象を生徒の成果物に絞れば、教師にとってはやりやすくなるでしょうし、出来がよければ見栄えもします。（高校ではあまり見られませんが）廊下や教室内の掲示物としても活用できます。

確かに「成果物」は「見える化」の一つですが、それよりも大事なことがあります。それは、生徒の学習の過程を把握することです。こうした考えからも、成果物の評価をもってよしとするのは適切ではないことがわかります。

まして、生徒が心から「学び」に集中しているときには、生徒の知的な働きと動きが進行します。このとき、**学習の結果だけを評価しようとしてしまうと、教師の目の前で起きている生徒のダイナミックな学びを見落としてしまう**でしょう。

このように考えてくると、生徒主体の学習評価においてルーブリック評価は、あまり馴染まないように思います。この評価方法では、あらかじめ生徒の学びの姿を想定して作成した評価尺度（ルーブリック）のもとに評価を行いますが、その尺度に縛られてしまうと、教師の想定を超えるような学びは生まれにくくなります。

ですので、ルーブリック評価を活用する場合には、「作成した評価尺度はあくまでも目安とする」こと、生徒の学習が教師の思惑を超えていくようであれば、評価尺度のほうを「柔軟に修正していく」ことが求められるでしょう。

Chapter06

探究型学習の挑戦

Section01

カリキュラム改革による学校づくり

高校特有の風土と生徒の可能性

「高校入試によって輪切りにされた学校間の学力差は大きい」にもかかわらず、「どの高校のどの生徒であっても、進路を保障する」というシビアな使命を高校は負います。また、小・中学校に比べて学習内容が極めて多いことから、授業の中心軸に活動的な学習を据えるのがむずかしい側面もあります。

これまでは、「いかに効率的・効果的に教えるか」が、高校授業における教師の中心命題（授業観）でした。数年前までであれば、入試でも記憶再生型の問題（大学入試、就職試験、専門学校入試）が多数を占めていた以上、自明なことでもあります。それが、近年の高大接続改革によって、これまでの「授業観」が通用しなくなりつつあります。

生徒の立場に立てば、部活動、友人との交友などを含めて、高校生活3年間はかけがえのない時間です。その学校生活の中心に授業があります。自ら学ぶ意義を実感できる授業は、生徒がかけがえのない高校生活を送るために欠かせません。

生徒自身が「わかる」「できる」「楽しい」と思える授業を受けることができれば、単に「教育内容を理解できた」「テストでいい点がとれた」にとどまりません。彼らは、授業を通して学んだことを自分なりに咀嚼し、（小・中学生とは異なり）将来の進路に直接つなげていける素地をもっているからです。この素地を確かな力に変えていけるような学びの実現が必要です。これこそ高校教育における重要事であり、高校における授業改善の必然性なのです。

北の大地の高校の授業改善

1　研究指定を軸にした取組

１９８３年に創立した北海道函館稜北高等学校（訪問時は佐々木光晴校長〈現在は美土路建校長〉、学級数・各学年３クラス）は、函館市の中心部から約10km離れた郊外にある道立の（比較的新しい）普通科高校です。校名には「五稜郭の北に位置する」という意味があり、著名な卒業生にミュージシャンＧＬＡＹがいます。学校付近には情報系単科大学として有名な公立はこだて未来大学があります。

同校の目指す学校像は、「自分の生き方に誇りをもって卒業し、社会で活躍する生徒を育てる学校」「期待に応え、夢を叶えることができる活力と魅力あふれる学校」であり、校訓は「創造・良識・健康」です。

同校は２００６年度、北海道学力向上対策事業「Academyプロジェクト」の推進校としての指定を北海道教育委員会より受け、３年間にわたって、「読解力・思考力・表現力を基礎とした確かな学力の向上」に取り組んできました。その後は、文部科学省の学力向上実践研究推進事業の推進校に指定され、「Wisdomプロジェクト」の名称で継続的に研究を進めてきました。

ほかにも、さまざまな研究指定を受けており、北海道教育委員会の「教科等の本質的な学びを踏まえたアクティブ・ラーニングの視点からの学習・指導方法改善のための実践研究拠点校」に指定されています。

2 カリキュラム・デザインの工夫をみる

特に学校改革の中心として、いわゆるアクティブ・ラーニングに継続的に取り組んできました（資料1参照）。

この資料からわかることは、高校3年間を見通して、総合的な学習の時間と、各教科やその他の活動を通して学力の向上を図り、生徒に「知識基盤社会に資する21世紀型学力を身につけさせる」点です。

総合的な学習の時間では、KJ法、ブレイン・ストーミング、マインド・マップなどの学びの技法（同校では「思考ツール」と呼んでいる）を取り入れ、各教科では言語活動の充実を図りながら「協同的な学び合い」の実現を目指しています。すなわち、「協同的な学び合い」を、総合的な学習の時間と教科の学びを相互に関連させるための共通の基本理念として設定しているわけです。

また、コラボレーティブ・ラーニング（collaborative learning）に「協同的な学び」という訳語を充て、「協働的な学習」「協働学習」と同義のものとして位置づけ、コーポレーティブ・ラーニング（cooperative learning）と区別しています。コーポレーティブ・ラーニングを「協同学習」や「協調学習」と訳す場合も多いようです。

コラボレーティブ・ラーニングとコーポレーティブ・ラーニングの区別には諸説あります。コーポレーティブ・ラーニングは課題を分割して担当し、それぞれがお互いの得意分野を生かして取り組み、最終的にそれらの部分を合わせる解決法であるのに対して、コラボレーティブ・ラーニングはお互いが対等の関係で一緒に課題の解決を図ろうとする解決法であり、ヴィゴツキーの最近接発達領域説によるものです。

いずれの解決法も、「一人ではできないことを、他者との協力によって可能にし、その後は独力でもできるようにする」という考え方に基づいていますが、コーポレーティブ・ラーニングが結果として「強み」を生かした協力であるのに対し、コラボレーティブ・ラーニングはそれぞれが「対等」な関係のもとに課題解決を進める点に特徴があります。

資料1にあるように、同校の教育活動は、授業を中心としつつも、読書活動、資格取得を位置づけるとともに、きめ細かな生徒指導、生徒会活動の充実、部活動の充実の３つを学校生活の基盤となる重要な要素として位置づけています。

資料1　総合的な学習の時間（「Wisdomプロジェクト」）のカリキュラム・デザイン

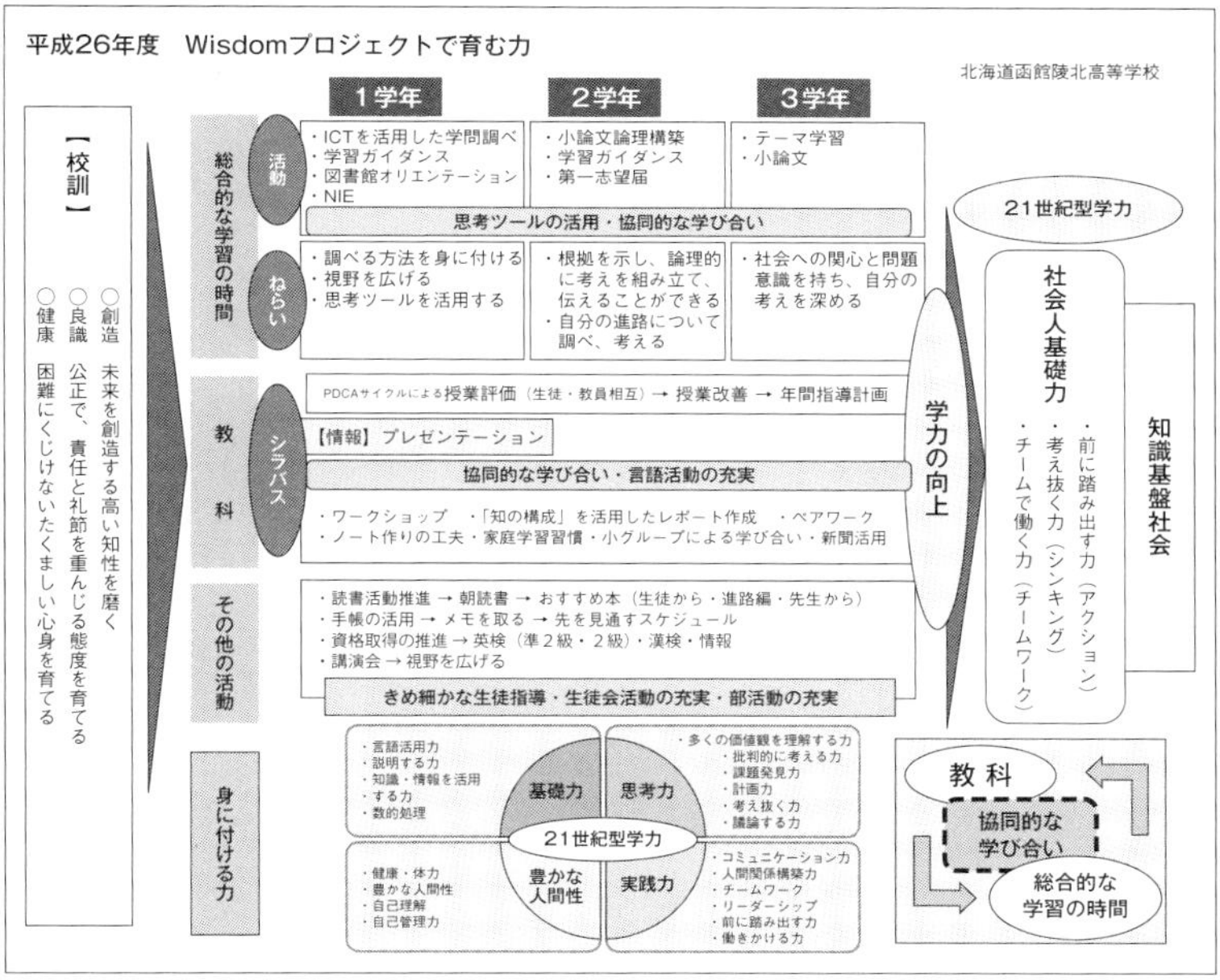

また、カリキュラム・デザインとマネジメントを担える校務分掌として、授業改善を推進するプロジェクトチーム「Wisdomプロジェクト委員会」を設置しています。この組織は、各教科と連携した研究推進だけではなく、総合的な学習の時間（総合学習委員会）、読書活動推進（読書活動推進委員会）、キャリア教育（進路指導部）との連携にも努めています。

「自分で考え、判断し、他人と協働できる人材を育てる授業」という理念を目標に掲げています。協同的な学び合いの実施率を10％以上と決め、全教員で実践を積み上げてきましたが、それを可能にした背景には、同校が独自に作成した『「協同的な学び合い」の手引き』と、その手引きを踏まえた校内研修があります。

3　高校教員の学び合い

どこの学校でも生徒による授業評価が行われているかと思います。しかし、同校の特色は、教員相互による授業評価を実施している点にあります。実際に取材をして、驚きを禁じ得ませんでした。この授業評価を導入するには、その前提として教科を越えて緩やかに学び合おうとする教員間の人間関係が必要不可欠だからです。

高校では、一般に協働的な授業研究という文化が育ちにくく、「各自がそれぞれ研修を行えばいい」という暗黙の了解が根強く残っています。また、たとえ教科を越えた研修を実施しても、各自が独立した教科の専門性をもつために、他教科については自分の意見を言わないので、研修自体が活性化しません。このように、教科を越えて学び合う同僚性を築くのは、高校ではとてもむずかしいのです。

しかし、同校のような教員間の同僚性が実現できれば、これに勝る授業改善への近道はありません。お互いに学び合い、リスペクトし合える関係、緩やかな連帯は、教員間でディスカッションしながら切磋琢磨できる場を提供し、その結果として、これまで思いもしなかったような授業改善への糸口を見つけることができるでしょう。

カリキュラム・デザインと学校図書館

1 読書環境の整備

国語科、教務部図書館係（実習助手）が連携し、授業での図書館活用、朝読書にかかわるとともに、図書館の情報化、図書館運営の改善、読書情報の提供を行います。この取組は、読書活動推進委員会が中心となって行います。

学校図書館の運営の改善には、図書局員（北海道の高校では図書委員とは呼びません）の生徒も多くかかわります。季節や行事に合わせた館内ディスプレーやテーマを決めた展示を行ったり、広報活動では図書局員の編集による図書局だよりを発行したりしています。

『稜北生から稜北生へのおすすめ本』（読書活動推進委員会編集）を発行して読書情報を提供します。この冊子には、全校生徒の書評が掲載されており、生徒一人一人の本への思いが伝わってくる内容になっています。

このような全員参加型の読書案内は、全国でも類をみないでしょう。ほかにも『高校生によ

『陵北生から陵北生へのおすすめ本』

る高校生のためのサイエンス・ブックガイド』や『進路ブックガイド』も発行しています。毎朝8時30分になると、放送局員によるアナウンスとともに、GLAYのBGMが校内に流れて朝読書がはじまります。学校図書館ではビブリオバトル、総合的な学習の時間の成果発表会（**写真1**）などのイベントも開催しています。

2　総合的な学習の時間と学校図書館の活用

総合的な学習の時間は、高校3年間を見通した共通目標を設定し、体験的な学習領域を設けています（**資料2**）。①学習支援、②進路学習・キャリア教育、③情報教育、④言語活動・表現活動（これらの学習領域ごとに、各学年ごとの学習内容を設定）。

また、読書活動推進委員会も関係しながら、ICT活用、論理的思考学習、小論文学習、テーマ学習といったプロジェクト型の学習で学校図書館を活用します。**資料2**を見る限り、学校図書館が直接かかわるものは1年の図書館ガイダンスだけに見えますが、さまざまな学習領域・内容に学校図書館が関与する構成となっています。

写真1　総合的な学習の時間・成果発表会

たとえば、学問分野調べでは、インターネット、図書

資料2 総合的な学習の時間全体計画

平成26年度 総合的な学習の時間 全体計画

北海道函館陵北高等学校

目 標

- 自ら課題を見付け、自ら学び、自ら考え、主体的に判断し、よりよく問題を解決する資質や能力を育成する。
- 学び方やものの考え方を身に付ける。
- 問題の解決や探究活動に主体的、創造的、協同的に取り組む態度を育てる。
- 自己の在り方生き方を考えることができるようにする。

学習領域

学習支援 / 進路学習 キャリア教育 / 情報教育 / 言語活動 表現活動 / 体験活動

学習内容

	学習支援	進路学習 キャリア教育	情報教育
1学年	・総合学習ガイダンス ・学習ガイダンス ・図書館ガイダンス	・進路講話 ・職業研究 ・センター試験研究 ・インターシップ報告会 ・テーマ学習発表会	・ICT活用による学問調べ ・職業研究 ・現代社会キーワード ・新聞を活用した活動
2学年	・学習ガイダンス ・コース選択ガイダンス ・論理思考演習 ・小論文学習	・第一志望進路の探求 ・インターンシップ ・進路別ガイダンス ・テーマ学習発表会 ・面接、マナー指導	・進路研究 ・プレゼンテーション ・小論文発表
3学年	・総合学習ガイダンス ・小論文実践 ・個別指導	・インターンシップ ・テーマ学習発表会 ・進路別ガイダンス	・進路情報収集 ・プレゼンテーション
	テーマ学習		

言語活動 表現活動：
- プレゼンテーション
- ディスカッション
- ブレインストーミング
- スピーチ
- KJ法
- マインドマップ

体験活動：
- 読書活動
- クラス活動
- ボランティア
- インターンシップ

学習活動の流れ

習 得 ― 活 用 ― 探 究

【読む・聞く・知る】
- 朝読書
- ガイダンス
- 講話、講義

【調べる】
- 検索
- 図書館の活用
- ICTの活用
- NIE新聞活用

【経験する】
- ボランティア
- インターンシップ
- 学校行事

【書く・まとめる】
- 自己評価
- レポート
- ワークシート

【話す】
- ディスカッション
- 協同的な学び合い

【発表する】
- 調査報告
- プレゼンテーション
- スピーチ

⇔ 各教科・各科目

21世紀型学力　知識基盤社会

思考力・判断力・表現力の育成
前に踏み出す力・考え抜く力・チームで働く力
異なる考えを認め合い、協同して課題を解決する力

社会人基礎力　生涯学習

資料、進路資料を活用して調査を行います。新聞は、最新の動向を調べるのに活用し、体育館で一斉に新聞を広げて切り抜きを行ったこともあります（写真2）。

この学習では、情報教育の要素も組み込んでおり、調査の過程で学問の本質にかかわるキーワードを見つけることを通して、情報検索のスキルを養います。調べて整理したことは、プレゼンテーション・ソフトでスライドを作成し、発表を行います。このように、学校図書館を活用しながら、学習スキルを習得することを企図し、大学や社会での学びを見通した汎用的な能力の育成を図る学習を設定しています（写真3）。

写真２　体育館で新聞の切り抜き

写真３　学校図書館でのグループ学習

3　日頃の授業からの地道な改善

①漢文

これまで漢文の授業は、本文を精読しながら基本的な句形を中心に学習していく進め方でした。しかし、この形式だと、生徒主体の学習になりにくい面があります。そこで、まず和訳、句形、出典などをグループで分担し、ディスカッションを通して学習を進める形式に切り換えています。教師は、各グループを回り、生徒の質問に答えたり、間違いやすい箇所について助言したりします。

生徒が調べたことは各グループの代表者が黒板に書いていくという形態がとられています（写真４）。高校の黒板は横幅が大きいので、文字を小さくすれば、多くの情報を書くことができます。生徒の学習内容を黒板で「見える化」し、教師は課題のある箇所について訂正したり、補足解説を追記したりします。ただし、その場合にも最低限に留め、生徒の自主的な書き込みを促し、学び合う時間を保障しています。

写真４　漢文の授業は学習者主体

②世界史

世界史の授業においても、生徒の主体的な学習を促す工夫が見られます。

一般に世界史は分量が多く、通史のため総花的になりやすく、一方向からの知識を与える授業になることが少なくありません。

私が取材した授業では、第一次世界大戦の戦死者数に焦点が当てられ、「なぜ甚大な死者を出すに至ったのか」という学習課題について生徒同士が学び合える構成にしていました。

具体的には、50分間の授業のうち、最初の15分程度は第一次世界大戦勃発までの経緯を教師が説明し、その後、前述の学習課題について、生徒たちは資料集のデータを参考にしながらグループで話し合っていました（写真5）。

世界史や日本史の授業では、よく穴埋め型のワークシートを活用します。これは、授業効率を図ることが目的です。取材した授業でも用いられていましたが、教科書から語句を抜き出すための補助的な活用で、メインはディスカッションそのものが重視されていました。さらにこの授業では、新聞を活用したジグソー法も採り入れていました。

写真５　世界史のグループ協議

③数学

数学Ⅰ（1年）の授業では、少人数授業を導入し、グループによる学習が中心です。数学の問題は教室に設置したホワイトボードに投影され、黒板は使いません（写真6）。

授業では、ここでも生徒同士のグループ協議が中心です。特に、答えを出すまでの思考のプロセスを重視する学習を展開していたことが印象的でした。お互いに自分のわかっていることを他の生徒に説明することを重視しています。この試みは、学習内容の確実な定着を図るうえで有効な方法と言えます。

高校授業において、このようなディスカッション中心の学びを実現できるのは、教師の指導力もさることながら、生徒自身がこのような学びによって理解を深める学び方を体得している点を強調しておきたいと思います。生徒の様子を見ると、すっかり慣れてしまったのか、そこに何か特殊なことをしているという雰囲気はありません。

実際、ここまでの学びができるようになるには相当険しい道のりだったろうと推察しますが、生徒を自立した学び手に成長させる実践であることは疑いないでしょう。

写真６　数学のICT活用とグループ学習

4 授業改善を核にした学校改革

同校の学びは、①授業改善を核にすること、②教育環境をデザインすること、③教育活動が学校全体の取組となるよう統合的にマネジメントすることによって支えられていると考えます。

学校図書館を活用した学びにしても、各教科の授業はもとより、総合的な学習の時間と関連づけ、学習スキルの基盤形成を図ることを目指しています。

学校図書館は、ＩＣＴ活用をはじめとする「情報教育」、学問調べや資格取得を通じた「キャリア教育」においても重要な教育環境です。こうした教育環境を活用し、学校の多岐にわたる教育活動を相互に関連させることに腐心したカリキュラム・デザインだと言ってよいでしょう。

また、教員間の情報と意識の共有化がなされていることの重要性を示唆してくれる事例でもあります。高校においては、特に教科と他の組織との連携が大切です。そのためには、校長の理解は不可欠です。

このとき、校長のトップ・ダウンに頼れば、改革のスピードは増すものの、思わぬリスクを背負うことにもなります。それは、校長が異動してしまうと、たちどころに改革の勢いが消えてしまうことです。ここにも、ボトム・アップで仕組みづくりを行うことの重要性があります。中心になって取り組むミドルリーダー間の連携と、一人一人の教師の不断の努力による「積み上げ」と「継承」が大切なのです。

〈本事例のまとめ〉

①入試制度改革などの教育改革を受け、高校においても授業改善の試みがはじまっているが、高校では教育内容の量が多く、進路実現の保障が必要であることなど、高校特有の状況を踏まえた取組にすることが大切である。

②教師同士の同僚性を生かした学び合いによる授業改善が求められている。
③総合的な学習の時間のカリキュラムの特色化を図るとともに、教科の学習と併せて協同的（協働的）な学習を導入することは、生徒一人一人の学びや学校生活の質を高めることにつながる。
④教科等の学習だけではなく、さまざまな教育活動の充実のために学校図書館を活用することが重要である。そのためには、学校図書館と教育活動を関連づけるカリキュラム・デザインを組織的に行うことが重要である。

Section02

読書科と
ICTによる学習支援

手づくりの学校図書館

長崎南山学園は、ドイツ人アーノルド・ヤンセン神父により設立されたカトリックの宣教修道会・神言修道会が母体となり、1952年に創立された中高一貫の男子校です。全校生徒は約900人、校舎は浦上天主堂、平和公園をのぞむ緑豊かな教育環境に恵まれた地にあります。校訓は「高い人格、広い教養、強い責任感」で、受験指導に力を注ぐ進学校ですが、部活動が盛んな文武両道の校風が特色です。

同校には読書科がありますが、これは2013年にスタートした中学校のカリキュラムの一つで、週6時間ある国語科から1時間を読書科に充てています（資料1）。そもそもこの科は、関西学院中学部（兵庫県西宮市）、盈進中学校（広島県福山市）が先行して設置したもので、カリキュラム開発に当たっては、その先進的な取組を参考にしたといいます。

ここで紹介するのは中学校の実践ですが、高校の総合的な学習の時間などの参考になる多くの要素を含んでいるので詳しく見ていきます。

読書科の最終目標は卒業論文制作です（中学3年の事例）。学校図書館を活用しながら、実践的に学び方を学ぶことを重視しています。

かつて同校には学校図書館と呼ぶに値する施設が整備されていませんでした。図書館

資料1　読書科カリキュラム（4月開始　中1・中2）

	重点項目 重点目標	読む 学習の習慣化・「問う力」の育成	書く 自主的学習の体得・「調べる力」の育成		伝える 自立的学習の体得及び深化・「表現する力」の育成
中1	1学期 （3冊） 10時間	(1)読書科授業ガイダンス 1 (2)図書館オリエンテーション 2・3 (3)図書教材①「ばかじゃん！」4・5 (4)図書教材② 「ひとりぼっちの動物園」6・7 (5)図書教材③「練習球」8・9 読書感想文(夏休み)	※原稿用紙の書き方 ※国1 (6)●読書感想文の書き方① 10 →[記録ノート(読書伝)] 読書感想文(夏休み)	「よみとも」中1(毎日)	→[発表]
中1	2学期 （4冊） 12時間	(1)図書教材④「よだかの星」1・2 (2)図書教材⑤「きいちゃん」3・4 (4)図書教材⑥「オモニの歌」7・8 (5)図書教材⑦ 「ロンドンの小学校で」9・10 課題読書(冬休み)	(3)●レポート作成①[基礎] 5・6 →[記録ノート(読書伝)] 課題読書(冬休み)	↓	(6)●ブックトーク① 11・12 (7)●読み語り①[聞く] ※国1 →[発表]
中1	3学期 （3冊） 8時間	(3)図書教材⑧「一房の葡萄」1 (4)図書教材⑨「夕日へ続く道」4 (5)図書教材⑩「オーロラを求めて」5 (6)●メディアリテラシー① 6・※国1	→[記録ノート(読書伝)] 読書記録整理・まとめ・感想	↓	課題読書(冬休み) 2・3 (7)●PPによるプレゼン講座 [基礎]① 7・※技1 →[発表] (8)●ブックトーク② 8
中2	1学期 （4冊） 10時間	(4)A-1テーマ学習(※平戸・漁業) 4 (6)図書教材①「オツベルと象」6 (7)図書教材②「瀕死の琵琶湖」7 (8)図書教材③「いのちの食べかた」8 (9)図書教材④「狐フェスティバル」9 B-1テーマ学習(※異文化) ★集中講座(夏) 課題テーマ読書(夏休み) 読書感想文(夏休み)	(1)読書科授業ガイダンス 1 (2)図書館オリエンテーション 2 →(3)レポート作成 3 →[記録ノート(読書伝)] (5)A-2レポート作成(※体験後) 5 ⑽●読書感想文の書き方② 10 読書感想文(夏休み) →B-2レポート作成(調べ)(※異文化)	「よみとも」中2(毎日)	●読み語り②[実践] ※国1 →[発表・討論]
中2	2学期 （4冊） 11時間	(1)図書教材⑤「チヨ子」1 (2)図書教材⑥「オモニの歌」2 (3)B-1テーマ学習(※異文化) 3 (5)図書教材⑦「見つめられる日本」5 (7)図書教材⑧「高瀬舟」8 (8)●メディアリテラシー② 9・10・※国1 課題テーマ読書(冬休み) 11	→(4)B-2レポート作成(報告) (※異文化) 4 →[記録ノート(読書伝)]	↓	→(6)B-3研究発表(※異文化) 6・7 →[発表・討論]
中2	3学期 （2冊） 8時間	(1)図書教材⑨ 「ベラルーシの透明な夏」1 (2)図書教材⑩ 「勝とうとするから意味がある」2 (3)◆「問い」設定①(準備) 3・4	課題テーマ読書(冬休み) →[記録ノート(読書伝)] (4)情報検索・資料収集 5・6 ★集中講座(春) 読書記録整理・まとめ・感想	↓	→[発表・討論] (5)●PPによるプレゼン講座 [実践]② 7・※技1 (6)●ブックトーク③ 8
中3	1学期 （複数） 10時間	関連資料(個別・随時) 読書感想文(夏休み)	(3)◆テーマ設定②(完了) 3 (4)◆仮説の設定① 4・5 (5)◆論文作成講座①② 6 (6)◆「柱立て」作成 7・8　資料収集 (7)◆論文第1章完成 9・10 読書感想文(夏休み) ★集中実践(夏)	「よみとも」中3(毎日)	(1)読書科授業ガイダンス 1 (2)図書館オリエンテーション 2
中3	2学期 （複数） 11時間	関連資料(個別・随時)	(1)論文作成前半 1・2 (3)中間報告書作成 4・5 (5)論文作成後半① 7・8・9・10・11	↓	(2)話し方講座 3 (4)中間報告発表(代表・文化祭) 6
中3	3学期 （複数） 8時間	関連資料(個別・随時)	(1)論文作成後半② 1・2 (2)論文完成 3・4 ★集中実践(最終) ■修論提出	↓	(3)●PPによるプレゼン講座 [完成]③ 5 (4)発表準備 6・7 (5)終了式 8 ★集中実践(最終) ■修論発表会

主任の中島寛教諭と学校司書の松浦純子氏の2人が、校内の理解を得ながら徐々に予算を獲得し、学校図書館への転換を手づくりで図ってきたものです。

当初は、校内に学校図書館を設置することへの理解が低かったため、その活用意義についての理論化に迫られました。読書科は、このような必要性からの産物でもありました。校内に読書科設置準備委員会を設け、1年間かけて準備に当たったといいます。準備委員会主催による図書館教育についての研修も開催されています。

読書科以外の授業でも利用できるように、授業用のスペースを設けています（写真1）。プロジェクターとスクリーンを設置し、学校図書館オリエンテーションや生徒のプレゼンテーションなど、その他の授業でも活用されています。

現在の学校図書館は、元・長崎純心大学教授の平湯文夫氏が考案した平湯モデルによる書架と学校図書館づくりの考え方が導入されています（写真2）。

写真1　学校図書館の授業スペース

写真2　平湯モデル：家具造りと部屋造りで図書館の利用を促す演出

資料２　読書科１年シラバス「ねらい」

中学校に入学し、様々な教科を学習するに当たり、まず大切なことは「考える」ことです。どんな学問においても「考える」ことなしには何も身につきません。そして、「考える」ことの土台となるのが言語能力です。豊かな言語能力を獲得し、自己の考えを深めていくことが学力向上のみならず人間性を培い、確かな世界観を育てていくことになるのです。

豊かな言語能力を身につける有効な手段は「読書」です。しかし、昨今の中学生においては、毎日の部活動をはじめ、塾や習いごと、課題に追われ積極的に本を読む時間を確保することが難しいのが現状です。

読書科では中学校の３年間を通して、読書体験を積み重ねていくことで、豊かな言語能力と表現力の育成をはかります。１年生では「読む」ことに重点を置き、様々なジャンルの本と向き合い視野を広げるとともに、他者と向き合うことで自分自身を見つめていきます。

「読書科」のカリキュラム

１　読書科授業の特色

読書科の授業は学校図書館で行います。国語科教師２名に、学校司書の松浦氏を加えた３名でのティーム・ティーチング授業です。学校司書の役割は学習支援です。

読書科では、「読む」「書く」「伝える」を一体の学習となるような流れを構成化します。「読む」では、「学習の習慣化・『問う力』の育成」、「書く」では「自主的学習の体得・『調べる力』の育成」、さらに「伝える」では「自立的学習の体得及び深化・『表現する力』の育成」を重視します。

授業の進行は教師が担いますが、読解力や文章表現の指導に偏らないようテーマに沿った基本的な学習材（図書資料）を使います。読書科ではシラバスを作成していますが、中学1年「ねらい」には、**資料2**が示されています。何のために読書をし、何のために学ぶのかということの意味が、中学1年生にも伝わる言葉でつづられています。これが読書科における哲学的な基本理念です。

2 読書と記録、発表・討論――『読書伝』の活用――

「読む」では、1、2年は全国学校図書館協議会発行の集団読書用の図書をテクストとし、読了後に教室で意見を交流します。イベント的な読書活動ではなく、年間を通じた継続的な読書として、本とじかに向き合う場として機能しています。

写真3 調べたことをまとめ掲示

指定された本は、授業までに読み終えておくことになっていますが、朝の10分間読書のときに読んでもかまいません。授業では、読後に討論を行い、クラスで意見を交流します。読書行為を読み手どまりではなく、外に開いていくことで、本という共通の話題を通じた「読書コミュニティ」を教室に意図的につくることが目的です。

資料2の「他者と向き合う」といったときの「他者」とは、クラスメイトだけでなく、内的な自分自身を指す言葉でもあ

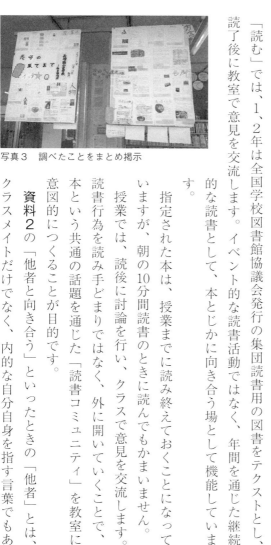

り、読書を自分と他者との双方向性のある学びにしようとする意図が感じられます。

また、「書くこと」では、読書の成果を読書科独自の記録ノート『読書伝（読む・書く・伝える）』を用意し、本の内容の展開図、あらすじ、キーワード、感想をまとめます。なかでも、テクストを相対化して図にまとめる展開図の有用性は大きいと言えます。メタ認知能力を高めることにつながると考えられるからです。

このほかにレポート作成についても学習します。書いたことは、ブックトークや、発表・討論などの言語活動を通して伝え合います。

3　多様な学校図書館メディアの活用

読書科では、図書館オリエンテーションをはじめ、学校図書館の活用方法を学ぶ場を積極的に設定しています。

百科事典の使い方、ウェブサイトの活用方法など、調べ方を学びます。多様な学校図書館メディアの活用方法についての学習は、1年から段階的に行われ、「資料の探し方」についても学びます。これらはすべて「問い」の答えを「探す方法」を習得するための学習として位置づけられています。

また、読書科の授業では、1年から「生活記録ノート」に生活記録をつけさせます。さらに新聞を切り抜いて「生活記録ノート」に貼りつけ、要約したうえで意見を書くと

資料3　読書科2年シラバス「ねらい」

> 中学2年の読書科の授業では、さらに視野を広げ、私たちを取り巻く社会をより強く意識し、異文化理解や社会問題にも目を向けていきます。また、メディア・リテラシーの観点からさまざまなメディアの特質を理解し、より効果的な情報収集や情報整理の仕方を具体的に学びます。
>
> そして、2年では特に「書く」ことに重点を置き、レポートの作成や論文の書き方の基礎を学習すると同時に、自分の中の「問い」を整理し文章化していく作業を行います。

いう学習を継続しています。

新聞を購読していない家庭がある場合には、新聞記事をコピーして用意し、そのなかから生徒が記事を選択して活用する体制も整えています。

メディアの特質については、中学2年で重点的に学習します（資料3）。この学習では、教科での探究的な学習にも生かされますが、読書科の最終ゴールである、3年で卒業論文を書くための基礎学習となります。

1年のときには、読書体験を通して他者と向き合い、自分を見つめてきました。自分の存在をさらに意識するようになる2年は、他者とのよりよい比較を行ったり、3年での修了論文作成を見据えて自己の意思を形成していく時期になります。

3年になると、1学期には研究テーマの設定に着手します。仮説や「柱立て」の作成など、研究方法を段階的に学び、夏休み前には論文の第1章の完成を目指します。2学期には中間報告書を作成し、3学期に論文を完成させます。研究成果は修了論文発表会で発表し、1年間の研究を終えます。

4　中学生はアナログ重視、高校生はデジタル重視

中学校段階の読書科では、タブレットやコンピュータといったＩＣＴ機器よりも、意図的にアナログ活用を重視します。学校図書館を利活用する指導を通じて、本や雑誌、新聞の情報を使いこなす態度や能力の育成がねらいです。

高校になると、デジタル重視に切り換えます。全教師、全生徒にタブレットを配付し、この端末を使った学習を展開します。データは学習生活支援クラウドシステム（「Classi」）にアップロードして情報共有します。以下は、具体的な活用例です。

●学校や担任からの連絡網として活用する。
●生徒はタブレットを使って毎日の生活記録を入力し（学習時間などは自動的にグラフ化）、自己の生活管理能力を高める。
●教科担当者と担任は、学習者の学習状況や理解度に応じたワーク・シートなどの課題を配信する。
●各教科の内容を解説する動画を個別に配信し、生徒が視聴することができる（教科担当者や担任は、生徒一人一人の学習状況に応じて、弱点を補強する学習課題を配信し、個別の学習支援を行うことが目的）。

このシステムを活用することで、教師側にとっては個別の対応ができるというメリットがあり、生徒側にとっては教科書の小説や評論、新聞記事などの教材・学習材について、クラウド上で意見を交流できる（教員がコメントすることもできる）というメリットがあります。いわば、ネット上にもう一つの教室があるというイメージです。

5 カリキュラム・マネジメントの大切さ

読書科の授業は、毎週水曜日の7時間目に割り振り、全学年で一斉に行うとともに、授業後には必ず学年の授業担当者6人と学校司書とで授業の振り返りを行います。これは、読書科が、カリキュラム開発型の授業であることから、記憶が新しいその日のうちに振り返りを行うことが、次の授業の改善につながるという考え方からです。**授業担当者同士の協働的なリフレクション（省察）が、授業改善に欠かせない**ことを示す取組です。

また、読書科では、農業体験や修学旅行などの学校行事と連動した探究的な学習を設けています。そのために、他教科や総合的な学習の時間と連携したカリキュラムを開発しています。この取組には、教科の異なる授業担当者間の協議が欠かせません。ここにも、「主体的・対話的で深い学び」を学校として組織的に実現するには、同僚性に基づいたフラットな協働的関係の必要性があると言えるでしょう。

＊

私はこれまで、学校図書館担当者と学校司書とは職種が異なるので、学校図書館を充実するには、それぞれの業務をしっかり分けること、両者間の「緩やかな連携」を行うことが望ましいと考えてきました。しかし、本校の取材を通じて、新しいチャレンジを成功させるには、両者の「強固な連携」のほうが効果が高いのではないかと考えるようになりました。

読書科のような「新しい学び」においては、常に改善に努め、省察的な実践を積み重ねるために、カリキュラム・マネジメントを実効あるものとすることが必要です。**蓄積された実践知は担当者間で共有されることで、生徒の学びに還元される**のです。

〈本事例のまとめ〉

①カリキュラム開発型の授業では、育成を目指す資質や能力と関連づけた学習内容の設定が必要である。学校図書館の活用においても、その文脈に則った取組が大切である。

②「深い学び」を実現していくためには、生徒にとって切実感のある「問い」が必要であり、その「答え」を探究する方法知を習得させることが求められる。

③読書科では、教職員間で「豊かな学びの実現」という理想像を共有し、学校図書館活用の意義を確固たるものにしていく過程で、校内に組織的な協力体制を確立していく。

Chapter07

新学力向上
授業実践プラン

Section01　国語

〈読解力〉

さまざまなテクストの情報を的確に読み取ったり情報同士を関連づけたりする単元構想

新学習指導要領が大幅に改編され、国語科1年では、「現代の国語」「言語文化」が必履修科目になります。Section01で紹介する単元は、新科目「現代の国語」を視野に入れた実践です。

新センター試験の国語の試行調査問題には、複数の「資料」を読み取って解答する問題が見られます。このような問題に対しては、情報活用能力に資する「読解力」が十分に育っていないと解答することができません。

日ごろの授業においては、次のトレーニングが必要です。

①複数の文章を読み比べ、題材をとらえる筆者の観点や相違点について考える。
②図やイラストなどを用いて自分の考えをまとめる。
③テーマや条件に基づいて文章にまとめる。

考えたことは、アウトプットすることによってメタ認知を養い、創造的な思考を獲得するとともに、学習内容を定着させます。

《国語科の授業の課題》

①教科書の単一教材を精読する方法が中心。小・中学校では単元に関連する本を読んで比較したり考えを深めたりする学習（並行読書）が浸透しつつあるが、高校ではこのような実践はあまり見られない。単一の教科書教材の精読はけっして否定される方法ではないとしても、大学や実社会での学びを見通した読書力を身につける方法を考える必要がある。

②「話すこと・聞くこと」「書くこと」の学習に充てる時間が少ない。

③教師は説明したことを簡潔に板書し、生徒は板書をノートに書き写す。試験のときは、書いたことを暗記して臨むパターンが多く、試験勉強＝暗記という受け身的な学習姿勢につながりやすい。

④読み取りにかかわる内容については、ワークシートに整理された問いに答えていくタイプの授業が多い。一見すると、知識再生型の学習は効率的で、テストの際にも点数を取りやすいことから、「やりやすい」と感じている生徒は少なくない。

⑤教師の発問に対して、生徒は教師が期待する解答を忖度して答えることが多い。模範的な解答でないと、教師はその意見を取り上げようとしないことを生徒はよく知っているので、一部の生徒しか発言しようとしなくなる。

《今後、期待される国語科の授業像》

①教材に向き合い学ぶ際の基礎・基本となる知識や技能を具体的に設定する。
②生徒の思考を促す良質な問い、教材を貫く大きな問いを設定し、生徒自身が自らの力で解決できるような主体性を導き出す学習をデザインする。この学習は発展的な学習として授業の最後に実施するのではなく、単元の中心的な言語活動として行う。
③良質な言語活動を通して、学習指導要領の指導事項を指導する。

新センター試験を視野に入れた「読解力」の育成

読解力の育成が必要です。そのためには、①主要な教材に関連した教材を合わせて読む、②課題に正対した読みを行う、③情報を比較するなどにより、多くの情報から必要な情報を取り出し、その情報を活用しながら課題の解決に当たる授業が求められます。

《単元デザイン例》

【単元名】日本人の感性を読み解く

【育てたい学習者像】目的に応じて主体的に複数のテクストから情報を読み取り、比較し、必要な情報を取り出し、自らの考えを広げたり深めたりできる学習者

【単元目標】日本人の感性について論じた、執筆時期の異なる3つの評論を読み比べ、考えの共通点や相違点について文章に即して分析し、自己の考えを組み立てる。

【実社会・実生活を見通した汎用的な能力】複数のテクストを読み比べ、目的に応じた必要な情報を取り出し、分析する能力

【学年】第1学年

【科目】国語総合

【教材・学習材】

○主　「水の東西」（山崎正和）　※ほぼ全社の教科書に掲載

○副　『「しきり」の文化論』（柏木　博）　※一部の教科書に掲載

　　『陰翳礼讃』（谷崎潤一郎）　※一部の教科書に掲載

【主要な言語活動】

○3つの文章を読み比べ、日本人の感性についての意見の共通点や相違点を分析するとともに、図表にまとめたり、要約したりする。

○東西文化比較に関して調べたことをもとにして、主教材「水の東西」と同じ書き振りで文章を構成しながら、文章にまとめる（＝文章のリライトを行う）。

【主体的・対話的で深い学びの過程に立つ視点】

《主体的な学びの過程》具体的な学習課題を通して、文章構成の把握とキーワードやキ

単元の評価規準

主体的に学習に取り組む態度	知識及び技能	思考力、判断力、表現力等
①３つの文章を読み比べ、筆者の主張を読み取ろうとしている。	①評論の文章構成を把握しながら、キーワードやキーセンテンスに着目し、筆者のものの見方・考え方を読み取っている。 ②評論の書かれたそれぞれの時代背景について理解し、読み取るために役立てている。	①日本人の感性についての考え方を広げたり深めたりしている。 ②３つの評論の共通点と相違点について図表などに工夫してまとめている。 ③３つの評論を参考にして、日本文化について調べたことをもとにして自己の考えを文章にまとめている。

ーセンテンスに着目する方法により、個人あるいはグループにより、日本人の感性についての筆者の考え方を読み取る過程

《対話的な学びの過程》共通点と相違点を導き出すという問いに正対し、協働的に解決を図る過程

《深い学びの過程》文章が書かれた時期・時代背景の違いについての授業者が提示した知識を参考にするとともに、必要に応じて学習者自らが学校図書館の図書資料やウェブサイトなどの情報を活用しながら、自己の考えをまとめる過程

【授業デザイン】全５時間　※各次の後の時間数は配当時間例

(1) インプット

【学習のねらい】日本人の感性に関する筆者の考え方について、文章構成の特徴や、キーワードや

キーセンテンスを考えながら読み取る。

〔第1次〕（2時間）

①主教材「水の東西」を読む（個別学習、3人1組によるグループ学習）。

②文章構成の特徴、キーワードやキーセンテンスはどういうものか（グループ学習）

【課題】

〈主要な問い〉筆者は日本人の感性の特徴をどうとらえているか。

〈副次的な問い〉文章構成の特徴（特徴的な書き振り）や、キーワード、キーセンテンスはどういうものか。

【共有】 特にわかりにくい箇所について全体で確認する。

(2) インテーク

〔第2次〕（1時間）

【学習のねらい】 文章を読み比べ、共通点や相違点を考えることを通して、題材についての視野を広げる。

○副教材『「しきり」の文化論』と『陰翳礼讃』を読み比べ、筆者の視点の共通点や相違点を考えるとともに、日本人の感性についての考え方を探る。

【課題】

〈主要な問い〉3つの文章を読み比べ、それぞれの日本人の感性についての視点を考える（グループ学習）。

(3) アウトプット

〔第3次〕（2時間）〈3人1組によるグループ学習〉3つの文章を参考にしながら、日本文化をとらえる視点についての考え方を広げるとともに、日本人の感性に対する自己の考えを深める。

①「水の東西」『「しきり」の文化論』『陰翳礼讃』の3つの文章について、日本人の感性をとらえる視点の違いを明確にしながら、図やイラストなどを用いて、わかりやすく1枚のポスターにまとめる。

②ポスター発表の形式により、各グループで交代しながらポスター発表を一斉に行い、自分たちの分析との相違点を理解するとともに、情報を修正したり新たに必要な情報を加えたりする。

③東洋と西洋の文化比較に対する視点を決め、必要に応じて学校図書館の図書資料やウェブサイトの情報を調べ、調べた情報を取捨選択しながら自己の考えを組み立て、600字程度の文章にまとめる。

〈文章にまとめる際の条件〉

条件1：1段落目には、どういう視点で考えるかを示す。

条件２：２段落目には、視点に基づいた具体例を示す。
条件３：３段落目には、２段落目で示した視点を踏まえ、日本人の感性に対する考えを述べる。
※コンピュータを用いて書き、電子データとして提出する。

【課題】

〈主要な問い〉東洋と西洋の文化比較の視点を設定する。

〈授業時間外の事後学習〉グループごとにまとめた文章について、東洋と西洋の文化比較の視点をもちながら、読み合いを行う（グループ学習として、昼休みや放課後等に各グループで学習時間を設定する）。

1　新学習指導要領における位置づけ

「現代の国語」は、標準単位数２単位の新科目であり、共通必履修科目です。すべての選択科目につながる能力を育成するものとされ、高校国語科の基幹科目として位置づけられています。

「現代の国語」は、実社会における諸活動に必要な資質・能力を育成する科目です。他の科目と同様に「言葉による見方・考え方を働かせ、言語活動を通して、国語で的確に理解し効果的に表現する資質・能力を次のとおり育成することを目指す」ことを共通目標に掲げ、次の3つの資質・能力を示しています。

(1) 実社会に必要な国語の知識や技能を身に付けるようにする。

(2) 論理的に考える力や深く共感したり豊かに想像したりする力を伸ばし、他者との関わりの中で伝え合う力を高め、自分の思いや考えを広げたり深めたりすることができるようにする。

(3) 言葉がもつ価値への認識を深めるとともに、生涯にわたって読書に親しみ自己を向上させ、我が国の言語文化の担い手としての自覚をもち、言葉を通して他者や社会に関わろうとする態度を養う。

この3点は「内容」を通じて実現を目指すものですが、特に、国語科における情報活用能力と論理的思考力が重視されています。

たとえば、〔知識及び技能〕では、話や文章に含まれている情報の扱い方、〔思考力、判断力、表現力等〕として整理された「A話すこと・聞くこと」「B書くこと」でも、必要な情報の収集・整理・活用が示されています。同時に、論理の展開、話や文章の構成や展開を工夫することが示されています。

「C読むこと」でも、内容や構成、論理の展開などについて叙述を的確にとらえ、要旨や要点を把握すること、文章や図表に含まれている情報を相互に関連づけながら内容や書き手の意図を解釈することなどが示されています。

２０１７年と２０１８年の試行調査問題を見る限り、２０２０年の新大学入試センター試験（大学入学共通テスト）では、実社会・実生活に生きて働く資質・能力が意識された問題になります。複数のテクストを読み比べたり、課題に応じてテクストから必要な情報を取り出し、指定された条件と字数でまとめる能力が求められています。このように、広い意味での情報活用能力、論理的思考力、記述力が必要とされていることがわかります。

2 「読むこと」偏重からの転換

高校の国語科シラバスを任意に抽出する調査を行ったことがありますが、シラバスを見る限り、「B書くこと」の単元がほとんど見当たらないことがわかりました。すなわち、これまでの高校国語科では、「C読むこと」にほとんどの時間が割かれており、「A話すこと・聞くこと」や「B書くこと」の学習に充てられる時間が少なかったという結果です。

このことは、「国語ワーキンググループにおける審議の取りまとめ」（平成28年8月）でも国語科の課題として示されていました。

こうした課題も踏まえ、配当時間では「C読むこと」（10～20単位時間）よりも、「A聞くこと・話すこと」（20～30単位時間）、「B書くこと」（30～40単位時間）が重視されています。

したがって、「C読むこと」の教材についても、「現代の社会生活に必要とされる論理的な文章及び実用的な文章とすること」とわざわざ明記されているわけです。

言語活動例としては、「A話すこと・聞くこと」では、スピーチ、報告や連絡、案内、話し合い、議論や討論、発表が挙げられています。しかし、たとえばスピーチでも、単に聞くだけではなく、論拠を示して反論する活動が示されており、言語活動自体を目的化させないための工夫が示されているともいえます。

次に、「B書くこと」では、次の3点のように、実社会・実生活での汎用性や実用性を重視したものとなっています。教科書教材だけではなく、学校図書館の資料の活用も必要でしょう。

ア　論理的な文章や実用的な文章を読み、その内容や形式について、本文や資料を引用しながら、自分の意見や考えを論述する活動

イ　読み手が必要とする情報に応じて手順書や紹介文などを書いたり、書式を踏まえて案内文や通知文などを書いたりする活動

ウ　調べたことを整理して、報告書や説明資料などにまとめる活動

また、「C読むこと」では、読むこと自体を目的化せず、論述や批評、発表や書き換えなど、「読むこと」と「話すこと・聞くこと」「書くこと」を関連させた指導を求めてい

ることがわかります。

ア　論理的な文章や実用的な文章を読み、その内容や形式について、引用や要約などをしながら論述したり批評したりする活動

イ　異なる形式で書かれた複数の文章や、図表等を伴う文章を読み、理解したことや解釈したことをまとめて発表したり、他の形式の文章に書き換えたりする活動

3　授業デザインの視点

現行の学習指導要領に盛り込まれている「言語活動の充実」の考え方は、小・中学校の教員には浸透したものの、高校での関心は低かったといえます。これは、「高校の授業では言語活動を採り入れる余裕がない」という受け止めが背景にあったわけですが、今後そう言ってはいられないでしょう。

新学習指導要領国語科では「言語活動を通して、国語で的確に理解し効果的に表現する資質・能力」を育成することが目標として掲げられています。その目標実現のために、言語活動の充実を通して授業改善に取り組んでいく必要があるでしょう。

国語科においても、（他教科と同様に）コンピテンシー・ベースのカリキュラムになります。学習指導要領で示された国語科で身につけるべき「知識及び技能」をより意識し、「思

考力、判断力、表現力等」を育成するための授業デザインが求められるのです。

Section02　地理歴史　日本史

〈分析力〉

歴史的事象をとらえ、多面的・多角的な観点から分析する単元構想

本単元は「歴史総合」を視野に入れた取組です。

これまでの日本史の授業の多くは、時系列に沿って、歴史的事象が発生した経緯や理由などを知識として定着させる授業でした。資料を活用するにしても、知識を定着させるための補助的な役割です。

また、歴史的事象を評価の定まったものとして固定的にとらえる傾向も見られます。しかし、歴史には多様な側面があり、用いる資料によっても解釈は変わり得ます。このように考えれば、歴史的事象に基づきながら多様な人間像を浮かび上がらせることができれば、現代の私たち自身に置き換えて学べることが数多くあるはずです。

資料を読み解き、歴史的人物の実像に迫ろうとするとき、欠かせないのが想像力です。資料を活用し、歴史的事象を多面的・多角的な視点から考察しながら、人々がどのように生きたかを分析すること、そして歴史を過去のものとしてではなく、我が事として批判的にとらえることは、歴史の普遍性に接近することにほかなりません。

このような意味で本単元は挑戦的な試みであり、資料活用を探究的な学習に紐づけることを重視します。

《地理歴史科（日本史）の授業の課題》

①教科書の記述をなぞり、史実に関するさまざまな知識・理解を中心とした授業が多い。

②ワーク・シートを用いて、用語の解説を中心に展開する一問一答式の授業が多い。

③資料を用いても、教師の解説が中心で、資料をもとに生徒が課題を追究したり解決したり、資料から読み取ったことを生徒が説明したりすることが少ない。

《今後、期待される日本史の授業像》

①歴史的事象を単に過去の出来事としてとらえるのではなく、実社会・実生活における事象と関連づけながら、歴史から普遍的な内容を読み取り、これからの社会に生かそうとする資質・能力を養えるようにする。

②絵巻や文書などの歴史的な資料のほか、近現代史では新聞や雑誌等の社会的な資料も活用しながら、歴史的事実を多面的・多角的な観点から分析、深く考察できるようにする。

③人々の記憶としての歴史を大切にし、根拠に基いた批判的な考察を行うとともに、客観的に説明したり論じたりしようとする。

新センター試験を視野に入れた「分析力」の育成

歴史的事象について複数の資料を読み比べ、多面的・多角的な観点から出来事の背景や経緯を考えたり、歴史的な文脈に位置づけたりしながら、歴史を深く分析しようとする学力を育成する授業が求められています。

《単元デザイン例》

【単元名】 女性の地位とその変遷

【育てたい学習者像】 歴史的事象を多面的・多角的な観点から分析し、歴史が投げかける普遍性を読み取るとともに、実社会・実生活に置き換えて、主体的に生かそうとする学習者。

【単元目標】 近代国家の成立過程のなかで女性の地位がどのように変遷してきたかを考えることを通して、不平等や慣習について多面的・多角的な観点から理解を深めるとともに、歴史的事象を深く分析した上で、わかりやすく説明する資質・能力を養う。

【実社会・実生活を見通した汎用的な能力】 資料から読み取れる根拠に基づいて、想像力を働かせ、自己の考えをわかりやすく組み立てたり、他者に伝えたりする能力

【学年】第1学年
【科目】日本史B
【教材・学習材】
○主　教科書（明治民法における女性の地位）
○副　新聞、日本史資料集
【主要な言語活動】ディスカッション、説明、プレゼンテーション
【主体的・対話的で深い学びの過程に立つ視点】
《主体的な学びの過程》教科書の説明、資料集を活用して、大日本帝国憲法、明治民法、日本国憲法、戦後の民法等について理解し、明治時代、明治時代以前、戦後社会など、それぞれの時代ごとの女性の地位についての基本的な知識を習得する過程
《対話的な学びの過程》新聞記事を活用して、戦後の日本社会における女性の地位の変遷について考えるとともに、他者と討議をしながら、戦後社会における女性の地位の変化について、具体的な事例を示して明らかにしようとする過程
《深い学びの過程》討議での分析を踏まえ、現代社会における女性の地位に関わる課題や今後の見通しについて考察し、自己の考えを深める過程
【授業デザイン】全5時間　※各次の後の時間数は配当時間例

(1)　インプット　情報の受容（静的学習）

単元の評価規準

主体的に学習に取り組む態度	知識及び技能	思考力、判断力、表現力等
①女性の地位の変遷に関心をもち、明治民法下と明治民法以前の女性の地位の違いや、戦後社会における女性の地位の変遷について考えるなどにより、課題を追究したり解決したりしようとしている。	①明治民法について正確な知識を習得している。 ②資料に基づいて、明治民法以前の女性の地位についての知識を習得している。 ③資料に基づいて、現代社会における女性の地位の現状と課題を読み取っている。	①資料から読み取れる根拠に基づいて、女性の地位の変遷についてとらえるとともに、社会的状況や背景を分析し、わかりやすく説明している。 ②新聞記事等の資料を活用し、現代社会における女性の地位のあるべき姿について考え、将来像を描いている。

【学習のねらい】教科書教材や明治民法を読み、当時の家父長制的考えに基づく女性の地位について理解する。

〔第1次〕（1時間）

①教科書教材の「明治民法における女性の地位」を読み、当時の女性のおかれた立場を知る（一斉学習）。

②明治民法（資料）を読み、婚姻や家族関係などにおいて女性の地位がどのように規定されているかを確認する（個別学習）。

【課題】

〈主要な問い〉明治民法における女性の地位はどうなっているか。

【共有】明治民法の特徴や、明治民法からうかがわれる女性の地位について確認する。

(2) インテーク 思考の深化（動的学習）

【学習のねらい】歴史資料を活用し、明治民法ができる以前の女性の地位について考える。

〔第2次〕（2時間）

①宣教師たちの日記、耶蘇会日本通信から、女性の地位を読み取る（個別学習）。

②明治民法以前の女性の地位と明治民法下の女性の地位の違いを考える（グループ学習）。

【課題】

〈主要な問い〉明治民法下における女性の地位は、明治民法以前と比べてどう変化したか。

(3)　アウトプット　思考の外化（外的学習）

【学習のねらい】新聞記事を活用して、現代社会における女性の地位について確認し、女性の地位の変遷を多面的・多角的に考える。

〔第3次〕（2時間）

①終戦直後の女性の参政権、大学進学率、女性総合職の誕生、女性管理職の割合などの記事を読む（個別学習）。

②新聞記事の比較を通して、時代の節目での女性の地位の変化について把握し、戦後社会における女性の地位の変遷について長いスパンでとらえながら討議をする（グループ学習）。

③女性の地位の変遷についての討議を踏まえ、戦後社会の中で女性の地位が変化した面、ほとんど変化していない面、今後変化していくと予測される面について考え、

女性の地位の変遷について、過去から将来に向けた歴史的な流れの中に位置づける（グループ学習）。

④他者に自己の考えをわかりやすく説明したり、ロール・プレイによって他者にわかりやすく伝えたりする（グループ学習・一斉学習）。

【課題】

〈主要な問い〉これからの社会の中で女性の地位はどうあるべきか。

1 新学習指導要領における位置づけ

「地理歴史科」は科目が再編され、地理総合、地理探究、歴史総合、日本史探究、世界史探究の5科目が設置されます。「総合」「探究」を付した科目の設置は、国語科と共通し、「グローバル化する国際社会」を視野に入れていることも含め、このたびの改訂の特徴的な点です。

教科目標に掲げられている「公民としての資質・能力」の具体は、次のとおりです。

(1) 現代世界の地域的特色と日本及び世界の歴史の展開に関して理解するとともに、調査や諸資料から様々な情報を適切かつ効果的に調べまとめる技能を身に付けるようにする。

(2) 地理や歴史に関わる事象の意味や意義、特色や相互の関連を、概念などを活用して多面的・

多角的に考察したり、社会に見られる課題の解決に向けて構想したりする力や、考察、構想したことを効果的に説明したり、それらを基に議論したりする力を養う。

(3) 地理や歴史に関わる諸事象について、よりよい社会の実現を視野に課題を主体的に解決しようとする態度を養うとともに、多面的・多角的な考察や深い理解を通して涵養される日本国民としての自覚、我が国の国土や歴史に対する愛情、他国や他国の文化を尊重することの大切さについての自覚などを深める。

地理歴史科の必履修科目は、「地理総合」と「歴史総合」です。歴史総合の目標は以下のとおりです。

社会的事象の歴史的な見方・考え方を働かせ、課題を追究したり解決したりする活動を通して、広い視野に立ち、グローバル化する国際社会に主体的に生きる平和で民主的な国家及び社会の有為な形成者に必要な公民としての資質・能力を次のとおり育成することを目指す。

(1) 近現代の歴史の変化に関わる諸事象について、世界とその中の日本を広く相互的な視野から捉え、現代的な諸課題の形成に関わる近現代の歴史を理解するとともに、諸資料から歴史に関する様々な情報を適切かつ効果的に調べまとめる技能を身に付けるようにする。

(2) 近現代の歴史の変化に関わる事象の意味や意義、特色などを、時期や年代、推移、比較、相互の関連や現在とのつながりなどに着目して、概念などを活用して多面的・多角的に考察したり、歴史に見られる課題を把握し解決を視野に入れて構想したりする力や、考察、構想したことを効果的に説明したり、それらを基に議論したりする力を養う。

(3) 近現代の歴史の変化に関わる諸事象について、よりよい社会の実現を視野に課題を主体的に追究、解決しようとする態度を養うとともに、多面的・多角的な考察や深い理解を通して涵養される日本国民としての自覚、我が国の歴史に対する愛情、他国や他国の文化を尊重することの大切さについての自覚などを深める。

本単元で取り扱う「女性の地位」は、(1)の「現代的な諸課題の形成に関わる近現代の歴史を理解する」に関連するものであり、特に(2)の目標を実現する内容となります。また、「多面的・多角的に考察したり、歴史に見られる課題を把握し解決を視野に入れて構想したりする力や、考察、構想したことを効果的に説明したり、それらを基に議論したりする力を養う」ことを視野に入れています。

また、歴史総合では、次に見られるように、さまざまな資料を活用し、課題を追究したり解決したりする学習を重視しています。

2 歴史の特質と資料

日本や世界の様々な地域の人々の歴史的な営みの痕跡や記録である遺物、文書、図像などの資料を活用し、課題を追究したり解決したりする活動を通して、次の事項を身に付けることができるよう指導する。

ア 次のような知識を身に付けること。

(ア)資料に基づいて歴史が叙述されていることを理解すること。

イ 次のような思考力、判断力、表現力等を身に付けること。

(ア)複数の資料の関係や異同に着目して、資料から読み取った情報の意味や意義、特色などを考察し、表現すること。

これらの規定からわかるように、探究的な学習の要素が多く含まれています。

授業では、日本史、世界史を専門とする教員が担当することになります。日本史、世界史の専門性を生かし、一方の科目に偏ることなく、歴史を総合的にとらえるという観点を外さずに取り組むことが大切です。

歴史的事象を単なる過去の出来事としてとらえるのではなく、実社会・実生活における事象と関連づけながら、歴史から普遍的な内容を読み取り、これからの社会に生かそうとする資質・能力を育成することが大切なのです。

Section03　公民　政治・経済

〈批判的思考力〉

批判的に思考したことを表現する単元構想

本単元は、新たに設置される「公共」を視野に入れた実践です。18歳の選挙権及び18歳成人に伴い、主権者教育の工夫を図ることは喫緊の課題です。

社会保障制度は、日本国憲法が規定する「健康で文化的な最低限度の生活」を権利として保障する制度です。社会保障の法体系としては、公的扶助（生活保護）、社会保険（医療保険、年金保険、雇用保険、労災保険、介護保険）、社会福祉（身体障害者福祉・知的障害者福祉、老人福祉、児童福祉・母子福祉）、公衆衛生（母子保健、食品衛生）があります。本単元では、このうち、社会保険を中心にした社会保障制度を取り上げます。

教科書だけではなく、医療保険と年金保険についての新聞記事を学習材として活用しながら、抽象的になりがちな社会保障制度の概念について、生徒の具体的な理解を促します。

実際の授業では、探究的な学習を意識した実践に取り組みます。基本的な知識の習得を図るとともに、さまざまな資料を活用しながら個別の社会保障制度について調べ、調べたことをもとにして対話するなどして、一層の理解を深めていきます。

本単元は、「財源確保と社会保障制度の充実」という、いわば相反する2つのテーマを設定することで、社会保障制度の意義を考える問いのデザインとなっています。これは、生徒が学ぶ社会保障制度に関する知識・概念を、実社会・実生活の文脈に位置づけるようにするためです。

この問いの設定によって、生徒は社会保障制度についての現実的なとらえ直しを行うことになります。机上の空理・空論を回避し、現実の切実さを「私ごと」として考えられるようにすることがねらいです。

《政治・経済の授業の課題》

①事実としての知識理解を重視するあまり、重要用語の解説にとどめ、授業で話し合ったり議論したりすることが少なかった。
②学習内容の定着を重視し、効率よく学ばせようとするあまり、ワークシートの空欄補充を中心にした授業が多かった。

《今後、期待される政治・経済の授業像》

①「見方・考え方」を働かせる学習を重視し、事実としての知識から概念としての知識理解に高めていけるような授業を展開する。
②習得・活用・探究の学習プロセスを重視し、基礎・基本となる知識のもとに、対話を通して知識の概念化を図れる授業を展開する。
③対話を通して、自分が知らないことが明確になり、「もっと調べたい」「もっと詳しく知りたい」という生徒の知的好奇心や意欲が喚起される授業を目指す。

新センター試験を視野に入れた「批判的思考力」の育成

事実としての知識の概念化を図る過程で、現実社会の課題を批判的にとらえ直し、分析したり価値づけたりする能力を育成する。

《単元デザイン例》

【単元名】主権者として考える社会保障制度

【育てたい学習者像】よりよい社会の実現を目指して、お互いに支え合う相互扶助の社会について理解するとともに、自ら主体的に社会参画の在り方について考えることができる学習者

【単元目標】社会保障制度について理解するとともに、共生や相互扶助などの社会保障制度の意義や我が国の社会保障の制度設計などについて考えることを通して、よりよい社会の実現に向けて、主権者としての主体的な社会参画の在り方についての考えを深める。

【実社会・実生活を見通した汎用的な能力】多様な情報を批判的に読み解き、様々な観点から批判的に分析したり思考したりする能力

【学年】第2学年

【科目】政治・経済（新科目「公共」でも実施可能）

【教材・学習材】

○主　教科書

○副　社会保障制度のうち、医療保険、公的年金に関する新聞記事

【主要な言語活動】

○ディスカッションする。

○図や文章にまとめる。

○発表する。

○ディスカッションや発表を踏まえ、レポートを書く。

【主体的・対話的で深い学びの過程に立つ視点】

《主体的な学びの過程》社会保障制度について関心をもち、基本的な知識を習得しようとする過程

《対話的な学びの過程》

○複数の資料を用いて、我が国の具体的な社会保障制度について、制度の優れた点や問題点を多面的・多角的な観点から考えようとする過程

○利用者の立場で、社会保障制度の改革案を考える過程

単元の評価規準

主体的に学習に取り組む態度	知識及び技能	思考力、判断力、表現力等
よりよい社会の実現に向けて、社会保障制度に関心をもち、自らの問題としてとらえるとともに、社会参画の在り方について考えようとしている。	社会保障制度の考え方を理解するとともに、医療制度や年金制度など、個別の社会保険制度に関する知識を深めている。	社会保障制度の意義を理解するとともに、現実の社会状況のなかにあって、よりよい社会の実現に向けた社会保障制度の在り方について、広い視野でとらえている。

《深い学びの過程》

○社会保障制度の意義を理解するとともに、現実の社会状況下で、よりよい社会の実現に向けた社会保障制度の在り方を、財源の観点などの広い視野からとらえようとする過程

○社会保障制度の意義と現実の社会状況を踏まえて、政策提言として具体化する過程

【授業デザイン】全4時間 ※各次の後の時間数は配当時間例

(1) インプット

【学習のねらい】社会保障制度の基本的な考え方を知る。

〔第1次〕（2時間）

○教科書と新聞記事を用いて、医療制度と年金制度を例として、社会保障制度の考え方と仕組みを理解する（個別学習）。

【課題】

〈主要な問い〉社会保障制度の意義は何か。

〈副次的な問い〉我が国の社会保障制度の優れた点と問題点

は何か。

(2)　インテーク

【学習のねらい】社会保障制度について深く探究することを通して優れた点や問題点を考察し、政策提言を考える。

〔第２次〕（１時間）

①個別の社会保障制度を一つ取り上げて、優れた点と問題点を考え、より詳しく知るために必要な点を抽出する。

②担当する分野の社会保障制度の優れた点と問題点について学校図書館の資料を活用して調べる。

※学校図書館等の資料を活用した調査は、放課後等の授業時間外に行う（グループ学習）。

③財源をどのように確保していくかについての考えをまとめるとともに、調べたことを踏まえ、政策提言を１枚のレジュメに整理する（４人１組によるグループ学習）。

【課題】

〈主要な問い〉社会保障制度の財源確保と社会制度の充実という相反するテーマのバランスをどのように両立していくべきか。

(3)　アウトプット

【学習のねらい】社会保障制度について、具体的な政策提言を行うことを通して、社会保障制度の意義を考える。

〔第3次〕（1時間）〈4人1組によるグループ学習〉

○レジュメに基づいてグループごとに政策提言を3分間で説明する。

○2分間の質疑応答の時間をとる。

〈事後学習〉

○発表を踏まえ、1,000字程度のレポートにまとめる。

※まとめ方の書式についてはプリントで配付する。

※優れたレポートはプリント配付により、後日改めて全員で共有する。

○新学習指導要領における位置づけ

「公民」は、「社会的な見方・考え方を働かせ、現代の諸課題を追究したり解決したりする活動を通して、広い視野に立ち、グローバル化する国際社会に主体的に生きる平和で民主的な国家及び社会の有為な形成者に必要な公民としての資質・能力を次のとおり育成することを目指す」ことを目標に掲げ、次の3つの資質・能力を示しています。

(1) 選択・判断の手掛かりとなる概念や理論及び倫理、政治、経済などに関わる現代の諸課題について理解するとともに、諸資料から様々な情報を適切かつ効果的に調べまとめる技能を身に付けるようにする。

(2)　現代の諸課題について、事実を基に概念などを活用して多面的・多角的に考察したり、解決に向けて公正に判断したりする力や、合意形成や社会参画を視野に入れながら構想したことを議論する力を養う。

(3)　よりよい社会の実現を視野に、現代の諸課題を主体的に解決しようとする態度を養うとともに、多面的・多角的な考察や深い理解を通して涵養される、現代社会に生きる人間としての在り方生き方についての自覚や、公共的な空間に生き、国民主権を担う公民として、自国を愛し、その平和と繁栄を図ることや、各国が相互に主権を尊重し、各国民が協力し合うことの大切さについての自覚などを深める。

この教科目標を踏まえ、新科目「公共」では、改訂の要点として、「イ　現実社会の諸課題から『主題』や『問い』を設定し、追究したり探究したりする学習の展開」を示しています。

「公共」は、「人間と社会の在り方についての見方・考え方を働かせ、現代の諸課題を追究したり解決したりする活動を通して、広い視野に立ち、グローバル化する国際社会に主体的に生きる平和で民主的な国家及び社会の有為な形成者に必要な公民としての資質・能力を次のとおり育成することを目指す」ことを目標に掲げ、次の3つの資質・能力を示しています。

(1) 現代の諸課題を捉え考察し、選択・判断するための手掛かりとなる概念や理論について理解するとともに、諸資料から、倫理的主体などとして活動するために必要となる情報を適切かつ効果的に調べまとめる技能を身に付けるようにする。

(2) 現実社会の諸課題の解決に向けて、選択・判断の手掛かりとなる考え方や公共的な空間における基本的原理を活用して、事実を基に多面的・多角的に考察し公正に判断する力や、合意形成や社会参画を視野に入れながら構想したことを議論する力を養う。

(3) よりよい社会の実現を視野に、現代の諸課題を主体的に解決しようとする態度を養うとともに、多面的・多角的な考察や深い理解を通して涵養される、現代社会に生きる人間としての在り方生き方についての自覚や、公共的な空間に生き国民主権を担う公民として、自国を愛し、その平和と繁栄を図ることや、各国が相互に主権を尊重し、各国民が協力し合うことの大切さについての自覚などを深める。

Section04　数学

〈論理的思考力〉

論理的に思考したことを数学的に表現する単元構想

本単元は、数学Aまたは数学Iをベースにした開発的な単元です。

問題の解法を通して、カレンダーの仕組みに関する基礎的な知識を習得すること、基礎的な知識を生かして問題を解き、その過程で数学的な発見を行うことをねらいとしています。そのうえで発見したことを数学的に言語化・記号化します。このような学習プロセスをデザインした単元です。

数学的な言語化・記号化に習熟するために、「インプット」の学習プロセスから、思考や解法までの過程を言語化する学習を取り入れ、生徒が「アウトプット」に習熟できるように工夫しています。

《数学科の授業の課題》

①授業者が解法の仕方についての説明を中心とした授業展開が多い。

②討議しながら問題の解法の仕方を考え、答えを出すまでのプロセスの重要性に目が向いていない。

③数学的なものの見方や考え方が実社会・実生活の汎用的な能力につながることを実感しにくい。

《今後、期待される数学科の授業像》

①個人やグループで解法の仕方について話し合うとともに、答えを導き出すまでの過程

を重視する。
②学習を通して習得した定理や技能を活用して課題を解決したり、発展的に考えたりできるようにする。
③数学的なものの見方や考え方を言語化したり記号化したりするなど、他者にわかりやすく説明できるようにする。

新センター試験を視野に入れた「論理的思考力」の育成

与えられた課題に対して、求められている条件に応じ、言語化したり記号化したりするなど、数学的に表現する学力を育成する授業が求められます。

《単元デザイン例》

【単元名】 カレンダーの仕組みを考察する。

【育てたい学習者像】 根拠に基づいて、自分の考えを他者にわかりやすく伝えることができる学習者

【単元目標】 日常に潜む興味ある話題や状況を数学的な問題としてとらえ、数学的に表現したり考察したりする。

単元の評価規準

主体的に学習に取り組む態度	知識及び技能	思考力、判断力、表現力等
①自らカレンダーの仕組みに関心をもち、数学的に解明しようとしている。	①カレンダーの仕組みを数学的に理解している。 ②カレンダーの仕組みに関する知識を生かして、問題を解いている。	①問題を解く過程で気づいたことや考えたことなどについて、言語化したり記号化したりするなど、数学的に表現している。 ②どの定理を用いれば問題が解けるのかを考えている。

【実社会・実生活を見通した汎用的な能力】 具体的な根拠に基づいて、数学的なものの見方・考え方を用いて、わかりやすく説明を組み立てたり、論理的に説明したりする能力

【学年】 第1学年

【科目】 数学Aまたは数学I

【教材・学習材】

○主 カレンダー

【主要な言語活動】

○ディスカッションする。

○説明する。

【主体的・対話的で深い学びの過程に立つ視点】

《主体的な学びの過程》基礎知識を習得し、さらに問題の解法を通して、数学的に解明しようとする過程

《対話的な学びの過程》問題の解法の仕方について、他者と話し合いながら考えたり気づいたりしたことを他者にわかりやすく説明する過程

《深い学びの過程》問題の解法を通して発見したことを言語化

資料１ 基礎的な知識の習得「カレンダーの基本を覚えよう」

私たちが現在用いているカレンダーはグレゴリオ暦という太陽暦で、
１年は 12 ヶ月あり、
１月、３月、５月、７月、８月、10 月、12 月は 大の月とよばれ、それぞれ 31 日ある。

２月、４月、６月、９月、11 月は 小の月 といわれる。

２月は 28 日または 29 日、その他の小の月は 30 日ある。(西むく士(さむらい)＝２４６９士) と覚える。

１年の長さは、平均して、約 365.24218944 日 であるので、閏年が必要となる。

１年が 365 日の年を平年、366 日の年を閏年という。

閏年の基本。

グレゴリオ暦では 閏年は 400 年に 97 回。

西暦が４の倍数の年は、閏年。ただし、100 の倍数は、平年。ただし、400 の倍数の年は、閏年。

西暦 2000 年は 400 年に１回の閏年であった。


したり記号化したりするなど、数学的に表現する過程

【授業デザイン】全４時間 ※各次の後の時間数は配当時間例

(1) インプット 情報の受容（静的学習）

【学習のねらい】

①カレンダーの仕組みに関する数学的な基礎知識を習得した上で、問題の解法を通して、数学的に美しい結果を発見するとともに、その後の学習につながるための数学的な興味を喚起する。

②問題の解法の過程で発見した事実を自ら工夫しながら言語化したり記号化したりする。

〔第１次〕（２時間）

資料2　主要な問い

(問題 1)

2017 年の 1 月 1 日は「日曜日」である。この年は平年なので「1 年は　365 日」となる。

365＝7×52＋1　であるので　2018年1月1日は「月曜日」となる。

(1)　2018 年の 6 月 6 日の曜日を計算で求めよ。

(2)　2018 年の 2 月 2 日と 8 月 8 日は同じ曜日であるかないかを、数式を利用して説明せよ。

(問題 1 の答)

2018 年は平年である。

(1)　2018 年 1 月 1 日から 2018 年 6 月 6 日までの日数を調べると、

31＋28＋31＋30＋31＋6＝157＝7×22＋3

2018年1月1日は月曜日(1 曜日)なので、3曜日は　水曜日。(答)

すなわち、2018 年 6 月 6 日は水曜日。

(2)　2 月 2 日の翌日から 8 月 8 日までの日数を計算すると、

(28－2)＋31＋30＋31＋30＋31＋8＝187＝7×26＋5　であり、

この二日の間の日数が 7 の倍数ではないので、同じ曜日ではない。(答)

(問題 1 の解説)

1 月 1 日が月曜日であれば、1 月 8 日が月曜日、1 月 15 日も月曜日であることは、常識と考えて良いであろう。しかし、この事実を「数学的」に捉えるとき、どのように説明したらよいであろうか？

1 月 2 日は火曜日であり、1 月 9 日も火曜日である。これらの事実を数学的に捉え、言語化することが求められている。

資料3　発見し、確認しなければならない事実

○「同じ月の中では、同じ曜日である日にちを7で割った余りは等しい」（定理）

これを問うたのが(1)である。これは一見易しいように見えるが、深く理解しなければならない事柄である。2通りに言い換えられることに注意したい。やや難しい内容である。

↓

○言い換え①「同じ月内で、同じ曜日の日にちの差は7の倍数である」（定理）

○言い換え②「ある曜日の日にちに7の倍数を加え求められる同じ月内の日にちの曜日は等しい」（定理）

［1時間目］

①導入として、カレンダーである月を選び、3×3または4×4の方陣を選び、3行3列、4行4列の魔方陣の作成を行う。

②カレンダーで、4月4日、6月6日、8月8日、10月10日、12月12日は同じ曜日であることは有名であるが、これを深く掘り下げることを目的に、カレンダーの仕組みについての基礎的な知識を習得する（資料1）。

［2時間目］

【課題】 カレンダーの基礎的な知識をもとにして問題を解く（個人及びグループ学習）（資料2）。

【共有】 答えを導くまでの考え方について、数学的な表現を用いて言語化する（グループ学習）（資料3）。

(2)　**インテーク　思考の深化**（動的学習）

【学習のねらい】

①どのような定理（正しいと認められた知識）や技能を

用いて与えられた問題が解けるかを分析して、問題を解いてみる。

②与えられた状況をどのようにしたら数学の問題としてとらえられるかを分析して、言語化するか、記号化するか、その他の方法を検討するかを考える。

〔第2次〕（1時間）

【課題】解法に必要な定理や技能について考える（個人学習）（資料4）。

資料4　主要な問い

（問題2）

2017年4月に中学校に入学したある生徒Aの誕生日は4月7日である。2017年4月1日の生徒Aは12歳である。生徒Aの誕生した2004年の4月7日の曜日を計算で求めなさい。

2018	14	
2017	13	
2016	12	閏年
2015	11	
2014	10	
2013	9	
2012	8	閏年
2011	7	
2010	6	
2009	5	
2008	4	閏年
2007	3	
2006	2	
2005	1	
2004	0	閏年

（問題2の答）

2018年4月7日は土曜日。

2018年1月1日は月曜日（1曜日）でこの日を基準にして、4月7日は6曜日。

2017年の4月7日は　6−1＝5曜日（金曜日）

2016年の4月7日は　5−1＝4曜日（木曜日）

2015年の4月7日は　4−2＝2曜日（火曜日）

以下、まとめて引いて2004年の4月7日は　6−17＝−11＝−7×2＋3　であるから　3曜日　すなわち2004年4月7日の曜日は　水曜日（答）

（問題2の解説）

（問題1）の逆の計算を理解できるかの問いである。平年で1年前の同じ日の曜日が1日戻ることを負の数を利用してとらえることができるか、閏年を含めた計算に気が付くか、これらをいかに表現するかを問いにしている。

(3) アウトプット 思考の外化(外的学習)

【学習のねらい】

①与えられた条件から始めて、数学的論理を用いて、記述し、結論である答えを導く。

②自ら言語化(記号化・表による表現)したものが数学的に処理できるかを考慮しつつ、発見的にある種の結果を求める。

※新学習指導要領の数学で求められるのは、②と考えられるが、現状は教師も生徒も経験のない状況にある。

〔第3次〕(1時間)

【課題】 問題を解く(資料5)。

(問題4)

aとbを1以上12以下の異なる自然数として、

(1) 2018年でa月b日とb月a日が同じ曜日である組み合わせは何組あるか、示して答えなさい。

(2) 平年と閏年でa月b日とb月a日が同じ曜日である組み合わせは何組あるか、示して答えなさい。

この問いに答えるため、以下の表を利用してもよいとする。

日月	1日	2日	3日	4日	5日	6日	7日	8日	9日	10日	11日	12日
1月	1	2	3	4	5	6	0	1	2	3	4	5
2月	4	5	6	0	1	2	3	4	5	6	0	1
3月												
4月												
5月												
6月												
7月												
8月												
9月												
10月												
11月												
12月												

資料5　主要な問い

(問題3)

aを1以上12以下の自然数として、

(1) 2018年のa月a日の曜日を調べ、曜日ごとに分類しなさい。

(2) 平年と閏年でa月a日の曜日がどうなるかを調べ、曜日ごとに分類しなさい。

(問題3の答)

2018年1月1日月曜日を基準日にしてa月a日までの日数を表にする。

(1)

a月a日	a月a日までの日数	7で割った余り	2018年の曜日
1月1日	1	1	月
2月2日	33	5	金
3月3日	62	6	土
4月4日	94	3	水
5月5日	125	6	土
6月6日	157	3	水
7月7日	188	6	土
8月8日	220	3	水
9月9日	252	0	日
10月10日	283	3	水
11月11日	315	0	日
12月12日	346	3	水

上の表から

日曜日　9月9日、11月11日
月曜日　1月1日
火曜日　該当なし
水曜日　4月4日、6月6日、8月8日、10月10日、12月12日
木曜日　該当なし
金曜日　2月2日
土曜日　3月3日、5月5日、7月7日

(2) 2018年は平年であるから、(1)より

平年は

9月9日と11月11日は同じ曜日、

3月3日、5月5日、7月7日　も同じ曜日、

4月4日、6月6日、8月8日、10月10日、12月12日も同じ曜日となる。

閏年においては、(1)の表で、3月以降は1を加えて7で割ればよいので、1月1日、9月9日、11月11日は同じ曜日、

3月3日、5月5日、7月7日　も同じ曜日、

4月4日、6月6日、8月8日、10月10日、12月12日も同じ曜日となる。

2月2日だけが単独の曜日をもつ。

(問題3の解説)

数学の重要な役割の一つとして、分類する、ということがある。すべての場合を何通りかの類に分類し、それを言語化できることは、今回の改訂の望むところである。しかも、実社会においては役に立つ最先端の知識ともなる。

問題3は7で割った余りで分類してすべての場合を尽くして調べ上げる技能の確認である。調べ上げるには表を利用するのが有効である。2018年を例にとり、平年と閏年の曜日が読み取れるかを問としてある。

ちなみに、4月4日から6月6日の間は63日、6月6日から8月8日の間も63日であり、ほとんどの間隔は63日であることは驚きである。閏年の曜日の分類も美しい。

1 新学習指導要領における位置づけ

数学科では、「数学的な見方・考え方を働かせ、数学的活動を通して、数学的に考える資質・能力を次のとおり育成することを目指す」ことを目標に掲げ、次の3つの資質・能力を示しています。

(1) 数学における基本的な概念や原理・法則を体系的に理解するとともに、事象を数学化したり、数学的に解釈したり、数学的に表現・処理したりする技能を身に付けるようにする。

(2) 数学を活用して事象を論理的に考察する力、事象の本質や他の事象との関係を認識し統合的・発展的に考察する力、数学的な表現を用いて事象を簡潔・明瞭・的確に表現する力を養う。

(3) 数学のよさを認識し積極的に数学を活用しようとする態度、粘り強く考え数学的論拠に基づいて判断しようとする態度、問題解決の過程を振り返って考察を深めたり、評価・改善したりしようとする態度や創造性の基礎を養う。

必履修科目は「数学Ⅰ」のみで、「数学的な見方・考え方を働かせ、数学的活動を通して、数学的に考える資質・能力を次のとおり育成することを目指す」ことを目標に掲げ、次の3つの資質・能力を示しています。

(1) 数と式、図形と計量、二次関数及びデータの分析についての基本的な概念や原理・法則を体系的に理解するとともに、事象を数学化したり、数学的に解釈したり、数学的に表現・処理したりする技能を身に付けるようにする。

(2) 命題の条件や結論に着目し、数や式を多面的にみたり目的に応じて適切に変形したりする力、図形の構成要素間の関係に着目し、図形の性質や計量について論理的に考察し表現する力、関数関係に着目し、事象を的確に表現してその特徴を表式、グラフを相互に関連付けて考察する力、社会の事象などから設定した問題について、データの散らばりや変量間の関係などに着目し、適切な手法を選択して分析を行い、問題を解決したり、解決の過程や結果を批判的に考察し判断したりする力を養う。

(3) 数学のよさを認識し数学を活用しようとする態度、粘り強く考え数学的論拠に基づいて判断しようとする態度、問題解決の過程を振り返って考察を深めたり、評価・改善したりしようとする態度や創造性の基礎を養う。

なお、数学科に関連する教科として、理数科があり、理数探究基礎と理数探究の2科目が設置されています。これについては、物理の単元構想（Section05）で解説しているので、ご参照ください。

Section05　理科　物理

〈創造的思考力〉

現象をとらえ、創造的に思考する単元構想

物理は多くの知識が必要な生物や科学に比べて、必要とされる知識量は少ないものの、発想力や創造力が必要とされる科目です。そのような力を導き出す工夫を図る学習を通して、物理現象を科学的にとらえようとする力が養われます。

本単元は、理科の物理基礎、理数科の理数探究基礎を視野に入れた実践です。本単元の物理基礎（2単位）が主に扱うのは、力学、熱、波、エネルギー、電気と磁気、エネルギーとその利用といったさまざまな物理現象です。これらは物理（4単位）における主要な学習内容である電気と熱力学につながるもので、なかでも特に電気は磁気を含むことから、原子核、核分裂、原子力の仕組みに発展的につながります。この点においても、力学は重要な基礎的学習内容を含んでいるといえるでしょう。

《物理の授業の課題》

①公式の理解を中心にすることが多いことから、物理の知識が実社会・実生活とつながりにくく、生徒にとって学ぶ意義を実感させにくい（汎用性が見いだしにくい）側面がある。

②物理現象の説明と公式の理解、練習問題の解法を中心とした授業が多く、実験が少なく、物理に対する実感的な理解が得られにくい。

《今後、期待される物理の授業像》

①物理学の知識を用いて身近な事象・現象をとらえ、物理の知識を習得することを通し

て、科学的なものの見方・考え方を養えるようにする。
②学習者の疑問を大切にし、既存の知識同士を関連づけながら、自己の疑問を探究的に解決する力を育てるようにする。
③学習者の疑問や発想を生かして、創造的なアイデアを考え出したり他者と協力して自己の考えを組み立てたりしながら、物理現象の普遍性に迫れるようにする。
④物理現象について、実社会・実生活とも関連づけながら、科学的なものの見方や考え方を養えるようにする。

新センター試験を視野に入れた「創造的思考力」の育成

物理現象について、科学的実証性をもって、筋道を立てて合理的に説明できる力を育成することが求められます。

《単元デザイン例》

【単元名】　力学

【育てたい学習者像】　探究心をもち、協働的に考えを組み立てながら、科学的実証性をもって課題解決を図る学習者

単元の評価規準

主体的に学習に取り組む態度	知識及び技能	思考力、判断力、表現力等
物理現象に疑問や関心をもち、必要な物理の知識を用いて、積極的に物理現象を解明しようとしている。	力学の知識を用いて、物理現象を解明するとともに、知識を用いて、公式に関連づけ、科学的実証性をもって自己の考えを組み立てている。	物理現象を掘り下げ、図や公式で表したり、筋道を立てて説明したりしている。

【単元目標】 力学の実験を通して、自己の考え方を検証したり組み立てたりすることにより、科学的なものの見方や考え方を養う。

【実社会・実生活を見通した汎用的な能力】 知識を関連づけたり、発想したアイデアを具体的に説明したりしながら、自己のものの見方や考え方を組み立てる能力

【学年】 第2学年

【科目】 物理基礎

【教材・学習材】

○主　力のつり合い（力学）※教科書掲載教材

○副　特になし

【主要な言語活動】 ディスカッション、説明

【主体的・対話的で深い学びの過程に立つ視点】

《主体的な学びの過程》物理現象について、疑問をもち、積極的に解明しようとする過程

《対話的な学びの過程》物理現象について図を用いて合理的に説明したり、関連する知識を用いながら、公式で表したりする過程

《深い学びの過程》他の物理現象や法則と関連づけ、物理現象の概

念を整理したり包括的な視点でまとめたりする過程

【授業デザイン】全2時間　※各次の後の時間数は配当時間例

(1)　インプット　情報の受容（静的学習）

【学習のねらい】実験により物理現象を科学的にとらえ、自ら疑問をもち、問いを立てる。

〔第1次〕（1時間目前半）

①力学の作用と反作用の実験を観察する（一斉学習）。

②実験ノートに図を交えて実験の記録を書く。気づいたことも書く。

【実験】

①静止している台車Aに台車Bを衝突させる実験（台車Bに加える力を変えたり台車Bを2台重ねたりする）

②自然長3・0㎝のバネの両端におもりを吊るしてバネの伸びを測る実験

【課題】

〈主要な問い〉

○実験でどういう物理現象が見られるか（個別学習、グループ学習）。

○実験1・台車Bに加える力、実験2・バネに吊るすおもりの重さを変えることによる変化はどうか（グループ学習）。

(2)　インテーク　思考の深化（動的学習）

【学習のねらい】 実験で生じた物理現象について、科学的実証性をもって協働的に解明に取り組む。

〔第1次〕（1時間後半）

①作用反作用の関連性について、合理的に解明するためのディスカッションを行う（グループ学習）。

②実験ノートにディスカッションを通して思いついたことや気づいたことなどを書く。

【課題】

〈主要な問い〉作用反作用はどのような関係にある力か。力が働いている物体に注目して、「力のつりあい」との違いを考える。

(3) アウトプット　思考の外化（外的学習）

〈学習のねらい〉物理現象について図を用いながら、筋道を立てて科学的実証性をもって説明するとともに、公式として整理する。

〔第2次〕（1時間）

○グループの考えについて、聞き手を意識して、わかりやすく説明する。

○授業者はグループ間の考えを関連づけながら、合理的な説明に集約させる。

○集約された説明を用いて、作用反作用について公式にする。

○作用反作用の法則について理解し、教科書で確認し、知識の定着を図る。

○運動の三法則として整理するため、慣性の法則、運動の法則について、自動車、自転車、電車などを例に実社会・実生活の場面での現象としてとらえながら、加速度の知識などを確認し、作用反作用の法則と関連づける。

1　新学習指導要領における位置づけ

理科は、科学と人間生活（2単位）、物理基礎(2)、物理(4)、化学基礎(2)、化学(4)、生物基礎(2)、生物(4)、地学基礎(2)、地学(4)の計9科目が設置されます。必履修科目については、次のように示されています。

理科のうち「科学と人間生活」、「物理基礎」、「化学基礎」、「生物基礎」及び「地学基礎」のうちから2科目（うち1科目は「科学と人間生活」とする。）又は「物理基礎」、「化学基礎」、「生物基礎」及び「地学基礎」のうちから3科目

理科は「自然の事物・現象に関わり、理科の見方・考え方を働かせ、見通しをもって観察、実験を行うことなどを通して、自然の事物・現象を科学的に探究するために必要な資質・能力を次のとおり育成することを目指す」ことを目標に掲げ、次の3つの資質・能力を示しています。

(1) 自然の事物・現象についての理解を深め、科学的に探究するために必要な観察、実験などに関する技能を身に付けるようにする。
(2) 観察、実験などを行い、科学的に探究する力を養う。
(3) 自然の事物・現象に主体的に関わり、科学的に探究しようとする態度を養う。

物理基礎は、「物体の運動と様々なエネルギーに関わり、理科の見方・考え方を働かせ、見通しをもって観察、実験を行うことなどを通して、物体の運動と様々なエネルギーを科学的に探究するために必要な資質・能力を次のとおり育成することを目指す」ことを目標に掲げ、次の３つの資質・能力を示しています。

(1) 日常生活や社会との関連を図りながら、物体の運動と様々なエネルギーについて理解するとともに、科学的に探究するために必要な観察、実験などに関する基本的な技能を身に付けるようにする。
(2) 観察、実験などを行い、科学的に探究する力を養う。
(3) 物体の運動と様々なエネルギーに主体的に関わり、科学的に探究しようとする態度を養う。

理数科は、各学科に共通する教科です。「理数科新設の経緯」（『高等学校学習指導要領解説　各学科に共通する教科「理数」編』）では、現行の学習指導要領で「高等学校の数学及び理科の分野における探究的な学習を中核に据えた科目として、『数学活用』及び『理科課題研究』が設定されているが、大学入学者選抜における評価がほとんど行われないことや、指導のノウハウが教員間に共有されていないことなどもあって、高等学校における科目の開設率が極めて低くなっている」と指摘し、次のように述べています。

○数学・理科にわたる探究的科目については、スーパーサイエンスハイスクール（SSH）で行われている「課題研究」等と同様、将来、学術研究を通じた知の創出をもたらすことができる人材の育成を目指し、そのための基礎的な資質・能力を身に付けることができる科目となることが期待されている。このため、今後の学術研究に求められる方向性を十分に踏まえたものとすることが重要である。

このように理数科は、「数学と理科にわたる探究的科目」です。理数探究基礎⑴と理数探究（2～5）の2科目が設置されます。特に、理数探究基礎は単位数の幅が2～5単位と広く、学校の特色に応じて柔軟な教育課程が編成できるようになっています。2科目とも必履修科目ではなく、いわゆる選択科目の扱いですが、「3　教育課程の編成における共通的事項」の「(3) 各教科・科目等の授業時数等」では、次のように示されています。

理数の「理数探究基礎」又は「理数探究」の履修により、総合的な探究の時間の履修と同様の成果が期待できる場合においては、「理数探究基礎」又は「理数探究」の履修をもって総合的な探究の時間の履修の一部又は全部に替えることができる。

この規定により、文部科学省によるスーパーサイエンスハイスクール（SSH）などの自然科学教育に力を入れている高校では、たとえば、一部の生徒だけではなく、すべての生徒が自然科学の学習に取り組むことにより、学校の特色を生かした教育を全面的に実現できるようになります。

理数科では「様々な事象に関わり、数学的な見方・考え方や理科の見方・考え方を組み合わせるなどして働かせ、探究の過程を通して、課題を解決するために必要な資質・能力を次のとおり育成することを目指す」ことを目標に掲げ、次の3つの資質・能力を示しています。

(1) 対象とする事象について探究するために必要な知識及び技能を身に付けるようにする。
(2) 多角的、複合的に事象を捉え、数学や理科などに関する課題を設定して探究し、課題を解決する力を養うとともに創造的な力を高める。

(3) 様々な事象や課題に向き合い、粘り強く考え行動し、課題の解決や新たな価値の創造に向けて積極的に挑戦しようとする態度、探究の過程を振り返って評価・改善しようとする態度及び倫理的な態度を養う。

なかでも、(3)に「倫理的な態度を養う」とあるのは、大学の研究における研究倫理に関わる態度を高校教育の段階から養おうとするねらいが見られます。昨今、研究倫理上の社会問題も起きており、自然科学教育を進める上では高校段階からもけっして見逃せない点です。

「理数探究基礎」では「様々な事象に関わり、数学的な見方・考え方や理科の見方・考え方を組み合わせるなどして働かせ、探究の過程を通して、課題を解決するために必要な基本的な資質・能力を次のとおり育成することを目指す」ことを目標に掲げ、次の3つの資質・能力を示しています。

(1) 探究するために必要な基本的な知識及び技能を身に付けるようにする。

(2) 多角的、複合的に事象を捉え、課題を解決するための基本的な力を養う。

(3) 様々な事象や課題に知的好奇心をもって向き合い、粘り強く考え行動し、課題の解決に向けて挑戦しようとする態度を養う。

理数科の理念を十分に生かした教育活動を実現するためには、（数学科と理科はもとより）物理、化学、生物、地学の教員がいかに連携・協力できるかにかかっています。そのためには、年間指導計画の検討や情報の共有など、横の関係を生かした組織的なカリキュラム・マネジメントが欠かせないと言えるでしょう。

Section06　外国語（英語）

〈コミュニケーション力〉
情報を取り出して活用し、
対話的に意見や考えを共有し、
目的を達成する単元構想

本単元は、主に英語コミュニケーションⅠを視野に入れた実践です。複数の文章を読み、対話的なコミュニケーション活動を通して課題の解決を図ります。

アウトプットの学習プロセスにおいては、特にまとめの学習として「自己の考えを英文で論理的に文章表現する」を設定しています。これは「書くこと」を通して、論理的な思考力を育成するとともに、学習の定着をいっそう図るための工夫です。

英語コミュニケーションⅠの「書くこと」では、「情報や考え、気持ちなどを論理性に注意して文章を書いて伝えることができるようにする」ことが示されており、本実践はこの内容を見通した取組となっています。

一方、論理・表現Ⅰの「書くこと」では、「情報や考え、気持ちなどを論理の構成や展開を工夫して文章を書いて伝えることができるようにする」とあるように、「論理の構成や展開を工夫」することが求められており、さらに踏み込んだ発展的な内容です。

《英語科の授業の課題》

①教科書教材を日本語訳し、授業者が文法事項の説明を中心に展開している。
②英語を用いて課題を解決したり討議したりする学習場面が設定されていない。
③様々な場面を設定したコミュニケーション活動でも、実社会・実生活での活用場面が少ない。

《今後、期待される英語科の授業像》

①中心となるテクストのほか、関連するテクストを取り入れ、複数のテクストを読み比べる活動を採り入れる。

②コミュニケーション活動を通して課題を解決し、思考力を伸ばそうとする。

③英語を用いて、実社会・実生活での多様な場面を模擬的に経験し、英語の活用力を伸ばそうとする。

新センター試験を視野に入れた「コミュニケーション力」の育成

目的をもって英文を読み深めたり、目的や場面に応じた英語によるコミュニケーション（やり取り・発表）を実践したりするなどにより、目的や場面に応じて実践的に英語を活用できる学力を育成できる授業の実現が求められます。

《単元デザイン例》

【単元名】　英語の省略語を考える

【育てたい学習者像】　自ら根拠に基づいて、自分の考えを他者にわかりやすく伝えること

ができる学習者

【単元目標】英語の多様な省略語を知ることを通して、ネット社会で変化し続ける言語表現の豊かさを考えるとともに、自ら主体的に省略語を活用できる（教科書の説明を参考に、省略語が生まれた社会的な背景として携帯電話の普及について考え、実際に省略語を用いた英文メールを書いたり、省略語の普及についてディスカッションしたりすることを通して、省略語の便利さや問題点などについて考えを深め、根拠に基づいて自己の考えを論理的に表現できる）。

【実社会・実生活を見通した汎用的な能力】根拠に基づいて、自己の考えをわかりやすく組み立てたり、他者に伝えたりする能力

【学年】第2学年

【科目】コミュニケーション英語Ⅱ

【教材・学習材】

○主 Lesson5 Texting ※三省堂教科書掲載教材

○副 プリントによるリーディング用英文教材（教科書教材の内容に関連したもの）

【主要な言語活動】ディスカッション、コミュニケーション（やり取り、発表）

【主体的・対話的で深い学びの過程に立つ視点】

《主体的な学びの過程》教科書の文章や副教材を読み、省略語についての基本的な知識を習得する過程

《対話的な学びの過程》文章で説明されたことを手がかりにして、他者と話し合いながら他の省略語を考えたり、省略語について他者にわかりやすく英語で説明したりする過程

《深い学びの過程》省略語を用いた実社会・実生活の状況や場面を想定し、実際に省略語を用いるとともに、省略語の便利さや問題点についてディスカッションし、自己の考えを深める過程。

【授業デザイン】全5時間　※各次の後の時間数は配当時間例

(1)　インプット　情報の受容（静的学習）

【学習のねらい】教科書教材を的確に読み、省略語についての正しい知識を得る。

〔第1次〕（2時間）

【教科書教材】「Txtingを読む」（一斉学習）

【課題】

〈主要な問い〉省略語が生まれた社会的な背景はどういうものか（グループ学習）。

〈副次的な問い〉省略語とは何か（個別学習）。

【共有】プリントの問いに基づいて省略語についての知識を確認する。

(2)　インテーク　思考の深化（動的学習）

【学習のねらい】教科書教材を補強する補助教材の英文を読み、教科書教材で取り上げら

単元の評価規準

主体的に学習に取り組む態度	知識及び技能	思考力、判断力、表現力等
①ネット社会の進展のなかで急速に変化する言葉の役割について理解し、省略語について自己の考えをもち、実際的な場面で活用しようとしている。	①省略語に関する知識を身につけている。 ②省略語が生まれた時代背景について理解するとともに、社会的場面で実際に省略語を用いて書いたり話したりできる。	①急速に変化する言葉の役割について批判的に考えるとともに、省略語に対する自己の考えを論理的に英語で文章表現している。

れた題材についての知識をいっそう深める。また、補助教材で得られた知識を参考にして、省略語のメールを用いた社会的な活用場面や実際的な省略語を考える。

〔第2次〕（1時間）

①教科書教材のほか、補助教材を読む（個別学習）。

②補助教材を手がかりにして、省略語を用いた社会的な場面と省略語を考える（2人1組によるペア学習）。

【課題】

〈主要な問い〉どのような社会的場面で省略語を使用したメールを送るか。

(3) アウトプット 思考の外化（外的学習）

【学習のねらい】

○社会的な場面を想定し、省略語を用いたメールを書き、省略語の用い方について適切かどうか、その妥当性について検討する。

○省略語を活用した学習を踏まえ、省略語の便利さや問題点について、ディスカッションを通して考えを練り、理由を明確にした意見（論理的な思考）として整理し、英文の文章にまとめる。

〔第3次〕（2時間）

［1時間目］

①ペアで考えた省略語について他のペアと共有する。

②省略語を使ってメールを書き、ペアで読み合う。

③メールにおける省略語の活用の仕方について、文脈に照らして妥当な使い方かどうかを相互評価する。

④メールを踏まえ、省略語の便利さや問題点について英語でディスカッションする。

⑤自己の考えを英文で論理的に文章表現する。※時間が足りない場合は、家庭学習とする。

［2時間目］

①ペアで文章を読み合い、必要に応じて文章を加除・訂正する。

②優れた文章はＩＣＴ機器により、全員で共有する。

1　新学習指導要領における位置づけ

外国語科は、「英語コミュニケーションⅠ」「英語コミュニケーションⅡ」「英語コミュニケーションⅢ」「論理・表現Ⅰ」「論理・表現Ⅱ」「論理・表現Ⅲ」の6科目が設置されます。必履修科目は、「英語コミュニケーションⅠ」の3単位です。

外国語科は、「外国語によるコミュニケーションにおける見方・考え方を働かせ、外国語による聞くこと、読むこと、話すこと、書くことの言語活動及びこれらを結び付けた統合的な言語活動を通して、情報や考えなどを的確に理解したり適切に表現したり伝え合ったりするコミュニケーションを図る資質・能力を次のとおり育成することを目指す」ことを目標に掲げ、次の３つの資質・能力を示しています。

(1) 外国語の音声や語彙、表現、文法、言語の働きなどの理解を深めるとともに、これらの知識を、聞くこと、読むこと、話すこと、書くことによる実際のコミュニケーションにおいて、目的や場面、状況などに応じて適切に活用できる技能を身に付けるようにする。

(2) コミュニケーションを行う目的や場面、状況などに応じて、日常的な話題や社会的な話題について、外国語で情報や考えなどの概要や要点、詳細、話し手や書き手の意図などを的確に理解したり、これらを活用して適切に表現したり伝え合ったりすることができる力を養う。

(3) 外国語の背景にある文化に対する理解を深め、聞き手、読み手、話し手、書き手に配慮しながら、主体的、自律的に外国語を用いてコミュニケーションを図ろうとする態度を養う。

英語コミュニケーションⅠは、「英語学習の特質を踏まえ、以下に示す、聞くこと、読むこと、話すこと［やり取り］、話すこと［発表］、書くことの５つの領域（以下、この節において「5つの領域」という。）別に設定する目標の実現を目指した指導を通して、第1款の(1)及び(2)に示す資質・能力を一体的に育成するとともに、その過程を通して、第1款の(3)に示す資質・能力を育成する」ことを目標に掲げ、5つの領域ごとに示しています。

① 聞くこと

ア 日常的な話題について、話される速さや、使用される語句や文、情報量などにおいて、多くの支援を活用すれば、必要な情報を聞き取り、話し手の意図を把握することができるようにする。

イ 社会的な話題について、話される速さや、使用される語句や文、情報量などにおいて、多くの支援を活用すれば、必要な情報を聞き取り、概要や要点を目的に応じてとらえることができるようにする。

② 読むこと

ア 日常的な話題について、使用される語句や文、情報量などにおいて、多くの支援を活用すれば、必要な情報を読み取り、書き手の意図を把握することができるようにする。

イ 社会的な話題について、使用される語句や文、情報量などにおいて、多くの支援を活用すれば、必要な情報を読み取り、概要や要点を目的に応じて捉えることができるようにする。

③ 話すこと［やり取り］

ア 日常的な話題について、使用する語句や文、対話の展開などにおいて、多くの支援を活用すれば、基本的な語句や文を用いて、情報や考え、気持ちなどを話して伝え合うやり取りを続けることができるようにする。

イ　社会的な話題について、使用する語句や文、対話の展開などにおいて、多くの支援を活用すれば、聞いたり読んだりしたことを基に、基本的な語句や文を用いて、情報や考え、気持ちなどを論理性に注意して話して伝え合うことができるようにする。

④　話すこと［発表］

ア　日常的な話題について、使用する語句や文、事前の準備などにおいて、多くの支援を活用すれば、基本的な語句や文を用いて、情報や考え、気持ちなどを論理性に注意して話して伝えることができるようにする。

イ　社会的な話題について、使用する語句や文、事前の準備などにおいて、多くの支援を活用すれば、聞いたり読んだりしたことを基に、基本的な語句や文を用いて、情報や考え、気持ちなどを論理性に注意して話して伝えることができるようにする。

⑤　書くこと

ア　日常的な話題について、使用する語句や文、事前の準備などにおいて、多くの支援を活用すれば、基本的な語句や文を用いて、情報や考え、気持ちなどを論理性に注意して文章を書いて伝えることができるようにする。

イ　社会的な話題について、使用する語句や文、事前の準備などにおいて、多くの支援を活用すれば、聞いたり読んだりしたことを基に、基本的な語句や文を用いて、情報や考え、気持ちなどを論理性に注意して文章を書いて伝えることができるようにする。

「論理・表現Ⅰ・Ⅱ・Ⅲ」は、国語科との連携を行うことにより、言語の教科としての効果的な指導がいっそう期待できる科目です。

「論理・表現Ⅰ」の目標は「英語学習の特質を踏まえ、以下に示す、話すこと［やり取り］、話すこと［発表］、書くことの3つの領域（以下この節において「3つの領域」という。）別に設定する目標の実現を目指した指導を通して、第1款の(1)及び(2)に示す資質・能力を一体的に育成するとともに、その過程を通して、第1款の(3)に示す資質・能力を育成する」とあり、3つの領域についてそれぞれの目標が示されています。

①話すこと［やり取り］

ア　日常的な話題について、使用する語句や文、対話の展開などにおいて、多くの支援を活用すれば、基本的な語句や文を用いて、情報や考え、気持ちなどを話して伝え合ったり、やり取りを通して必要な情報を得たりすることができるようにする。

イ　日常的な話題や社会的な話題について、使用する語句や文、対話の展開などにおいて、多くの支援を活用すれば、ディベートやディスカッションなどの活動を通して、聞いたり読んだりしたことを活用しながら、基本的な語句や文を用いて、意見や主張などを論理の構成や展開を工夫して話して伝え合うことができるようにする。

②　話すこと［発表］

ア　日常的な話題について、使用する語句や文、事前の準備などにおいて、多くの支援を活用すれば、基本的な語句や文を用いて、情報や考え、気持ちなどを論理の構成や展開を工夫して話して伝えることができるようにする。

イ　日常的な話題や社会的な話題について、使用する語句や文、事前の準備などにおいて、多くの支援を活用すれば、スピーチやプレゼンテーションなどの活動を通して、聞いたり読んだりしたことを活用しながら、基本的な語句や文を用いて、意見や主張などを論理の構成や展開を工夫して話して伝えることができるようにする。

③　書くこと

ア　日常的な話題について、使用する語句や文、事前の準備などにおいて、多くの支援を活用すれば、基本的な語句や文を用いて、情報や考え、気持ちなどを論理の構成や展開を工夫して文章を書いて伝えることができるようにする。

イ　日常的な話題や社会的な話題について、使用する語句や文、事前の準備などにおいて、多くの支援を活用すれば、聞いたり読んだりしたことを活用しながら、基本的な語句や文を用いて、意見や主張などを論理の構成や展開を工夫して文章を書いて伝えることができるようにする。

Section07　情報

〈デジタル読解力〉

デジタル情報を活用して問題解決を図る単元構想

実践校の東京都立町田高校は、東京都教育委員会のアクティブ・ラーニング推進校に指定され（2016年度より）、総合的な学習の時間において入学時から生徒全員が調査探究活動に取り組んでいます。特に2018年度の新入生より、生徒全員はタブレットを片手に、ICTを活用した探究活動に取り組んでいます。

情報科は、調査探究活動を支援する重要な教科の一つです。総合的な学習の時間における探究活動を効果的に推進しながら、情報科をはじめとする多くの教科が連携することが、カリキュラム・マネジメントにつながります。

情報科には、「社会と情報」「情報の科学」の2科目が設置されています。本単元は、このうち「情報の科学」に位置づくもので、新学習指導要領上「(2)問題解決とコンピュータの活用」「(3)情報の管理と問題解決」に当たります。

主に「(2)ア問題解決の基本的な考え方」「(3)ウ問題解決の評価と改善」を学びますが、「(4)ア社会の情報化と人間社会の情報化が人間に果たす役割や及ぼす影響について理解させ、情報社会を構築する上での人間の役割を考えさせる」を含む総合的な内容です。

実践の背景には、物心ついたときからインターネットが（当たり前のように）存在する社会に生きる高校生（デジタル・ネイティブ）の意識にスポットを当てます。

かつて情報モラル教育は、インターネットや携帯電話そのものの弊害を扱うのが主流でした。しかし、現在では様相がずいぶんと変わってきています。

アナログの音声通信を可能にした携帯端末はすべてデジタル化され、ネットワーク通信機器として一体化した現在では、音声通信、データ転送・共有などすべての要素がスマートフォンに集約されるようになりました。言い換えると、スマホがコンピュータ・テクノロジーとネットワーク・データ通信テクノロジーの双方の機能を併せもったということです。

その結果、（コンピュータ・ルームでの学習や仕事で使う以外の場で）日常的にコンピュータを使用する人は年々減ってきているといいます。それは高校生も例外ではありません。PISAの調査結果からも明らかなように、キーボードによる入力スキルが年々低下していることからも、その時代的傾向がうかがわれます。

また、スマートフォンの高機能化に伴い、高校生にとってこれまでにない新たな問題が見られるようになっています。肖像権などの人権上の問題、コミュニケーションのトラブル（生活指導面での問題）など多岐にわたるだけなく、問題自体が見えにくいという特徴があります。それだけに、高校においても教育上の課題として看過できない状況にあります。

新センター試験を視野に入れた「デジタル読解力」の育成

本単元では、スマートフォンやＳＮＳの使い方に関するアンケート調査を通して、情報モラルについて考えを深めます。デジタル情報を積極的に活用しながら、グループ活動を通して探究的な学習に取り組み、主体的に問題解決を図る資質・能力の育成を目指します。

アンケートの作成に当たっては妥当性を重視し、情報通信ネットワーク社会における技術や法律、人間の役割の理解、正しい知識を踏まえた問題の発見・解決・提案を行えるような内容を盛り込みます。

この実践は、同校としても大切な学習内容であり、情報モラルに関する講演（年１回程度）を聞かせるだけで済ます取組とは一線を画しています。生徒が自ら問題意識をもち、スマートフォン利用やＳＮＳにおける肖像権などの問題に真剣に向き合う学習をデザイン（設計）しています。

スマートフォンという便利な道具がもたらす情報通信ネットワーク社会の実際を学ぶことで、「デジタル読解力」の育成を目指す授業デザインです。また、新学習指導要領の情報科「情報Ⅰ」を視野に入れた単元でもあります。特に生徒の探究的な学習を重視しています。

《単元デザイン》

【単元名】クラスの情報モラルを高める

【育てたい学習者像】他者との対話的・協働的な学習を通して、自ら主体的に問題を発見し、問題を明確化することを通して解決に向けた改善策を深く考え、合理的な根拠をもとに説得力をもって他者にわかりやすく提案していくことのできる学習者

【単元目標】

○問題の発見、明確化、分析及び解決の方法を習得し、問題解決の目的や状況に応じてこれらの方法を適切に選択することの重要性を考えるとともに、問題解決の過程と結果について評価し、改善することの意義や重要性を理解する。

○情報通信ネットワークやデータベースなどを利用した情報の収集・発信の際に起こり得る具体的な問題及びそれを解決したり回避したりする方法の理解を通して、情報社会で適正な活動を行うための基になる考え方や態度を育む。

○プロジェクト型学習を通して、作業手順や段取り、協力体制や分担等を工夫することの重要性を理解するとともに、創造的思考力や合理的判断力、適正なコミュニケーション能力を身につける。

【実社会・実生活を見通した汎用的な能力】

○問題を発見し、当事者意識をもって、自ら主体的に問題解決を図ろうとする能力

○問題を論理的にとらえ、調査結果などを踏まえて合理性・説得力のある解決案を提案できる能力

単元の評価規準

主体的に学習に取り組む態度	知識及び技能	思考力、判断力、表現力等
①課題内容に関心を示し、自分にとって身近な問題としてとらえ、情報モラルを高めようとする。 ②自分たちのテーマや仮説をもとに他人と協力しながら積極的に参加しようとする。 ③聞き手を意識した発表態度をとるとともに、自分たちの評価を冷静に受け止め、それを次回に改善しようとする。	①作業手順や段取り、協力体制や分担、提示方法等を工夫することの重要性を理解している。 ②調査対象や発表内容について、相手を意識しそれに適した提示方法でわかりやすく発表する。 ③問題を発見するとともに、広い視野から解決手段を検討して考えを深めていくことの大切さを理解している。	①テーマや解決提案を考えるとともに、その根拠となるデータの入手方法を考え判断している。 ②自らの調査についての改善点を考え判断している。 ③クラスのネットワーク・コミュニティにおける情報モラルについてのアンケート調査を踏まえ、具体的に課題を抽出するとともに改善策を提案するなど、事例を通して、情報モラルについての考えを深めている。

○リーダーを中心とした協働的な学習を通して、作業を上手に分担し、限られた時間内で効果的・効率的に進められる能力

【学年】第1学年

【科目】情報の科学

【教材・学習材】

○主『新・情報の科学』（日本文教出版）

○副『情報　最新トピック集』（日本文教出版）

【主要な言語活動】

○グループ内においてディスカッションを行う。

○全体発表と質問およびその対応を行う。

○4W1Hフレームワークを通じて問題を分析し、わかりやすく言語化する。

【主体的・対話的で深い学びの過程に立つ視点】

《主体的な学びの過程》

○情報通信ネットワーク技術や法律につい

ての正確な知識を習得するとともに、ネットワーク・コミュニティの特性を考えようとする過程

○クラス内において、情報モラルに関する問題を発見しようとする過程

○原因を分析するとともに、その解決方法を考えようとする過程

《対話的な学びの過程》

○多様な解決方法について、対話的な学習を通して合意形成を行い、合理的な意思決定をする過程

○情報モラルの観点から、対話的な学習を通して、妥当性のあるアンケートを作成し、調査の準備を的確に進める過程

○アンケート調査の結果を分析するとともに、図書資料やウェブサイトなどを活用しながらアンケート結果に関連した周辺情報を収集し、課題について探究し、発表用のスライドとしてわかりやすくまとめる過程

《深い学びの過程》

○アンケート調査に基づき、クラスの情報モラルに関する改善策の提言を行うプレゼンテーションを実施するとともに、その自己評価を対話的に行う過程

○調査時の相互評価を基に、発表時にその内容を意識して改善し、発表資料を作成する過程

○プレゼンテーションを聞いたり質疑応答したりするとともに、プレゼンテーションの内容について相互評価することを通して自己の学習をメタ認知し、ネットワーク社会における情報モラルの在り方についての考えを深める過程

【授業デザイン】全8時間　※各次の後の時間数は配当時間例

(1) インプット

【学習のねらい】情報通信ネットワークの技術や法律についての正確な知識を習得するとともに、ネットワーク・コミュニティの特性を考える。

〔第1次〕(2時間)

［1時間目］(4人1組によるグループ学習)

①テーマ決めを通して、情報通信ネットワークに関する運用技術、セキュリティー技術、不正アクセス禁止法や肖像権の取り扱いなどの法律についての正確な知識を得る。

②SNSをはじめとしたネットワーク・コミュニティの特性を話し合う。

［2時間目］(個人およびグループ学習)

①教員による「アンケート」を体験することにより、アンケート調査における注意点を知る。

②アンケートの設問によって、結果にどのような影響があるのかについて考える。

【課題】

〈主要な問い〉情報通信ネットワークの発展に伴って急速にＳＮＳが普及したが、その特性に照らして、ＳＮＳではどのような使い方の面で問題が見られるか。

【共有】グループで話し合ったネットワーク・コミュニティの特性について出し合い、具体的な問題を抽出する。

(2) インテーク

【学習のねらい】ＳＮＳの使用上の問題点やアンケート調査の特性を踏まえ、クラスのスマートフォンの使い方について、妥当性のあるアンケート調査を通して調べる。
〔第２次〕（4時間）　※全て４人１組によるグループ学習
［１時間目］
①調査から分析、プレゼンテーションまでの計画を立て、学習の見通しをもつ。
②妥当性という観点に立って、アンケート調査を作成し、印刷する。
［２時間目］
①クラスに対するアンケート調査を、全く知らない相手に行うという設定のロールプレイングにより行う。
②相互評価を通して、自分たちの調査内容に関するフィードバックを受け取る。
［３～４時間目］

①アンケートを集計し結果を分析する。
②分析の妥当性を高めるため、図書資料やウェブサイトを活用して、周辺情報を収集し、分析の材料として活用する。
③分析に基づいて、スマートフォンの使い方に関する改善策を考える。
④プレゼンテーション用のスライドを作成する。なお、スライドは内容が大切であるので、余計なアニメーションや装飾をつけずにシンプルなものになるように努めるとともに、見やすさを第一に考えて作成するようにする。
※プレゼンテーションのリハーサルはグループで必ずやっておくように指示する。

【課題】
〈主要な問い〉クラスのスマートフォンの使い方を適切に調査し、改善策の根拠とするため、アンケートに必要な妥当性のある質問はどのようなものか。

(3) アウトプット

【学習のねらい】クラスのスマートフォンの使い方を考えることを通して、情報通信ネットワーク社会における情報モラルについての理解を深める。

〔第3次〕(2時間)
①プレゼンターは、相手意識をもって3分間でプレゼンテーションを行い、オーディエンスは目的意識をもってプレゼンテーションを聴くとともに、改善策の提言内容

に焦点を当てた2分間の質疑応答を行う。

②コンピュータ上の評価フォーマットにプレゼンテーションの評価を記入する（相互評価）。

③相互評価は直ちに集計し、結果を踏まえながら、アンケートの質問項目や提言内容について授業者の総括を聞く。

【課題】

〈主要な問い〉クラス内でのスマートフォンの使い方の調査と改善策の根拠となるデータから、情報モラルを向上させるための自分たちの提案が、具体的・合理的で説得力のある改善策となり得るか。

○新学習指導要領における位置づけ

「情報科」は、「情報Ⅰ」と「情報Ⅱ」の2科目が設置されています。「情報に関する科学的な見方・考え方を働かせ、情報技術を活用して問題の発見・解決を行う学習活動を通して、問題の発見・解決に向けて情報と情報技術を適切かつ効果的に活用し、情報社会に主体的に参画するための資質・能力を次のとおり育成することを目指す」ことを目標に掲げ、次の３つの資質・能力を示しています（1)は情報の科学的な理解、(2)は情報活用の実践力、(3)は情報社会に参画する態度であり、これまでの国の情報教育の施策を踏襲)。

(1) 情報と情報技術及びこれらを活用して問題を発見・解決する方法について理解を深め技能を習得するとともに、情報社会と人との関わりについての理解を深めるようにする。

(2) 様々な事象を情報とその結び付きとして捉え、問題の発見・解決に向けて情報と情報技術を適切かつ効果的に活用する力を養う。

(3) 情報と情報技術を適切に活用するとともに、情報社会に主体的に参画する態度を養う。

「情報I」は「情報に関する科学的な見方・考え方を働かせ、情報技術を活用して問題の発見・解決を行う学習活動を通して、問題の発見・解決に向けて情報と情報技術を適切かつ効果的に活用し、情報社会に主体的に参画するための資質・能力を次のとおり育成することを目指す」ことを目標に掲げ、以下の3つの資質・能力を示しています(本単元は(3)に該当)。

(1) 効果的なコミュニケーションの実現、コンピュータやデータの活用について理解を深め技能を習得するとともに、情報社会と人との関わりについて理解を深めるようにする。

(2) 様々な事象を情報とその結び付きとして捉え、問題の発見・解決に向けて情報と情報技術を適切かつ効果的に活用する力を養う。

(3)　情報と情報技術を適切に活用するとともに、情報社会に主体的に参画する態度を養う。

なお、(3)は「情報Ⅱ」では、「(3)情報と情報技術を適切に活用するとともに、新たな価値の創造を目指し、情報社会に主体的に参画し、その発展に寄与する態度を養う」と規定しており、「新たな価値の創造を目指し」と「その発展に寄与する態度を養う」とあるように発展的な内容となっています。

おわりに

科学研究費補助金の新聞活用による言語能力に関する研究で、私は２０１５年と２０１６年に、オーストラリアのアデレード、アメリカの東海岸マサチューセッツ州・ボストン、中西部ミネソタ州ミネアポリスなどの学校を訪れました。

ミネアポリスでは、女性研究者と話す機会があり、日本の教育改革では、これから授業にアクティブ・ラーニングを取り入れた学習が進む可能性があることを話したところ、たいへんに驚いていました。「やめたほうがいい」と彼女は言うのです。

「アメリカの授業でよく見られるディスカッションでは、中身のない話をしたり、ただ活動するだけだったり、ノイジー（うるさい）だったりと、問題点が少なくない。果てしてアクティブ・ラーニングが『真正の学び』（オーセンティック・ラーニング）につながる手立てになるのか疑問だ」という話でした。

私はそのとき、ボストンを訪ねた際に読んだ『ワシントン・ポスト』誌のコラムを思い出しました。コラムでは、日本が高い学力を実現している点を高く評価しており、その背景には暗記を中心にした学習の効果があると考えられることに言及していました。アメリカの学力向上施策がなかなかうまく進んでいない点に触れながら、日本の教室の方法を参考にすべきであると主張していました。

私は、女性研究者の指摘から、**日本の学校教育がこれまで積み重ねてきた方法知や実践知を生かしながら、足りない点をうまく取り入れていくことが大切だ**ということを改めて考えさせられました。

大正新教育以降、戦後初期の経験主義教育を経て、どんなに学力低下が喧伝されようとも、我が国には子供を中心に据えた教育観が今に至るまで脈々と教師の手によって受け継がれてきました。常に経験主義的な教育観と系統主義的な教育観の間を行ったり来たり、振り子の振れ幅は違えども、子供中心の学習観が消え去ることはありませんでした。**「高校の授業は改善されるべき」という雰囲気にだけ呑み込まれてしまい、これまで長年にわたって積み重ねてきた高校教育の方法知や実践知を手放す必要はない**でしょう。講義中心であっても、誰一人生徒を置き去りにした授業などしてこなかったはずです。

しかし、自分の授業観を一度括弧に入れて、改めて学習者主体の授業になっているか、そこにどのような学びがあるのかを改めて見直すことからはじめてみる必要があると思います。不断の見直しは欠かせません。

過去と現在を否定し、すべてをゼロからはじめる大胆な改革や改善もありますが、高校教育には馴染みません。**今あるものを生かして改善していくこと、否定せず、受け止めながら、少しずつ前に進むことが長続きする要諦**だと思います。何ごとも続けなければ成果は見えてこないでしょう。

教育という営みにおいて成果という言葉の意味も問い直す必要があります。生徒が生きていくずっとそのときに、高校での学びの経験が生きるのかもしれませんし、生きないのかもしれません。高校での学びを自己の糧として蓄え、生かしていくのは、あくまでも生徒たちだからです。

74歳で教壇を離れるまで生涯にわたり国語教師として生きた大村はま先生は、学習者主体の授業を生涯にわたって工夫し、実践を積み重ねました。鳴門教育大学附属図書館に併設されている大村はま文庫には、大村先生の教え子たちの学習記録が残されています。それを見ると、生徒たちの生き生きとした学びの言葉が記録として残されています。授業の様子が目に浮かぶようでした。

晩年、学会に車椅子で参加され、学ばれていた先生の姿が今も脳裏に焼きついています。大村先生は2005年4月17日に100歳を目前に他界されましたが、先生が残した言葉から、今も私たちは多くを学ぶことができます。大村先生は、教師は教えなければならないと常々発言していましたし、様々な著作でそのことを述べています。また、次のように述べています。

誰よりも優れているとか劣っているとか考えるのは、一種のゆるみです。そんな優劣を超えた、いわば優劣のかなたで自分の学習にひたることが大切なのです。そこでこそ子どもは成長し、その実感と喜びを知るのだと思います。

晩年、大村氏が最後まで先生が推敲していた自作の詩があります。その一部に次のようにあります。

学びひたり
教えひたる、
それは 優劣のかなた。
ほんとうに 持っているもの
授かっているものを出し切って、
打ち込んで学ぶ。
優劣を論じあい
気にしあう世界ではない、
優劣を忘れて
ひたすらな心で、ひたすらに励む。

大村先生が残した詩は、人が学ぶということ、教師が教えるということの原点を描いていると思います。そして、ＡＩ社会に移行しようとしているいま、教師はどうすべきなのか、生徒の学びの成長のために教師はどのように向き合うべきなのか、そんなことさえ考えさせられる詩です。

これまで、私は校種を問わず、よりよい授業を目指して切磋琢磨する先生たちの真摯な姿に多く出会ってきました。それが本書の着想の源になっています。都立高校、都立中高一貫教育校などでの25年の経験を見つめ直しつつ、少しでも実践のヒントになることを願いながら書き綴りました。

優れた単元実践例の情報をご提供してくださった先生方に、この場を借りまして心より御礼を申し上げます。また、編集担当の高木聡氏には、構想から執筆、完成に至るまで、約1年半にわたり数多のご助言をいただきました。心より感謝を申し上げます。

平成31年1月吉日　稲井　達也

著者

稲井達也 Inai Tatsuya

日本女子体育大学教授

1962 年、東京都生まれ。専門は国語科教育、学校図書館。博士（学術）。都立高校、都立中高一貫教育校、東京都教育委員会での勤務を経て現職。東京都世田谷区立給田小学校の学校評価委員長、（公社）全国学校図書館協議会事務局参事を兼任。主な編著書に『主体的・対話的で深い学びを促す中学校・高校国語科の授業デザイン』（学文社）、『授業で活用する学校図書館』（全国学校図書館協議会）、『資質・能力を育てる学校図書館活用デザイン』（学事出版）がある。

Chapter07 執筆協力者

〈地理歴史　日本史〉	本杉　宏志	東京都立青山高等学校主幹教諭
〈公民科　政治・経済〉	宮崎三喜男	東京都立国際高等学校主任教諭
〈数学〉	滝口　隆幸	元・東京都立小石川中等教育学校主幹教諭
〈理科　物理〉	田代　卓哉	東京都立小石川中等教育学校主任教諭
〈外国語（英語）〉	吉澤　美香	東京都立桜修館中等教育学校教諭
〈情報〉	小原　格	東京都立町田高等学校指導教諭

高校授業「学び」のつくり方
大学入学共通テストが求める「探究学力」の育成

2019（平成31）年 1 月25日　初版第 1 刷発行

著　者　稲井達也
発行者　錦織圭之介
発行所　株式会社　東洋館出版社
〒113-0021　東京都文京区本駒込5-16-7
営業部　電話 03-3823-9206／FAX 03-3823-9208
編集部　電話 03-3823-9207／FAX 03-3823-9209
振替　00180-7-96823
URL　http://www.toyokan.co.jp
装　幀　中濱健治
印刷・製本　藤原印刷株式会社

ISBN978-4-491-03634-2　Printed in Japan